리라이팅 클래식 014

군주론,
운명을 넘어서는 역량의 정치학

리라이팅 클래식 014

군주론, 운명을 넘어서는 역량의 정치학

초판 1쇄 발행 _ 2011년 4월 19일
초판 3쇄 발행 _ 2018년 10월 25일

지은이 정정훈
펴낸이 유재건 • **펴낸곳** (주)그린비출판사 • **주소** 서울시 마포구 와우산로 180, 4층
전화 702-2717 • **이메일** editor@greenbee.co.kr • **신고번호** 제2017-000094호

ISBN 978-89-7682-748-7 03340
이 도서의 국립중앙도서관 출판예정도서목록(CIP)은 서지정보유통지원시스템 홈페이지(http://seoji.nl.go.
kr)와 국가자료공동목록시스템(http://www.nl.go.kr/kolisnet)에서 이용하실 수 있습니다.(CIP제어번호:
CIP2011001500)

철학이 있는 삶 **그린비출판사** www.greenbee.co.kr

리라이팅
클래식
014

군주론,
운명을 넘어서는
역량의 정치학

정정훈 지음

ㅎB
그린비

책머리에

마키아벨리의 저술 속에 함축되어 있는,
정치는 도덕과 종교와는 다른 독자적 원리와 법칙을 지닌 독립된 활동이라는 주장.
이 주장의 철학적 파장은 상당히 멀리까지 미치는데,
그 이유는 그것이 도덕과 종교에 대한 새로운 개념,
즉 새로운 세계관을 암묵적으로 도입하는 것이기 때문이었다.
— 안토니오 그람시

이 책은 마키아벨리에 관한 사유의 기록이지만, 그 첫머리는 그람시(Antonio Gramsci)에 대한 이야기로부터 시작해야 할 것 같다. 파시스트 치하의 이탈리아에서 활동했던 맑스주의자 그람시가 체포되어 법정에 섰을 때, 그를 기소한 검사는 "우리는 이자의 두뇌가 작동하는 것을 20년 동안 중단시켜 놓아야 한다"라고 말했다. 하지만 파시스트의 사법 당국은 그의 육체는 가둬 둘 수 있었으나 그의 두뇌에까지 쇠고랑을 채우지는 못했다. 지금은 『옥중수고』라고 불리는 맑스주의 정치학의 새로운 장을 연 일련의 노트들이 이 감옥 안에서 작성된 것이다. 파시스트의 권력이 승승장구하는 것처럼 보이던 절망스러운 시대, 해방의 가능성이 폐쇄된 것처럼 느껴지던 혼란스러운 현실을 돌파하기 위해 사유의 지도를 작성하던 그람시에게 나침반과도 같은 역할을 한 두 명의 사상적 선배들이 있었다. 한 사람은 당연히 칼 맑스였고, 또 다른 한 사람은 니콜로 마키아벨리였다. 마키아벨리에 대한 그 어떤 비난에도 불구하고 그에게 "마키아벨리즘의 본질적으로 혁명적인 성격"(그람시, 『옥중수고』 1권, 148쪽)은 너무나 분명한 것이었다.

　대부분의 사람들이 그러하듯, 권력의 쟁취와 유지를 위해서는 수단과 방법을 가리지 않는 냉혈한 권모술수의 교사라는 이미지 속에서 나 역시 마키아벨리를 최초로 접했다. 나름 '정의로운 세상'을 열망한다고 자처하던 나는 그에 대해서 소문을 듣자마자 그에게 적대적이 되었다. 그가 싫었다. 나에게 그는 강한 자가 약한 자를 억압하고 착취하는 세상을 정당화하는 기득권의 옹호자로밖에 여겨지지 않았던 것이다. 물론 그의 책을 단 한 줄도 읽어 보지는 않았지만…….

　마키아벨리에 대한 막연한 내 적개심이 흔들리게 된 최초의 계기는 바로 그람시의 텍스트와 조우하면서였다. 역사적 사회주의가 몰락하고 자본이 곳곳에서 승리의 깃발을 높이 올렸던 1990년대 초반에 나는 대학생이 되었다. 비록 '찬란했던' 80년대는 지나갔지만 아직은 운동권의 영향력이 대학에 강했던 시기였고, '나름' 정의로운 세상을 꿈꾸던 나는 곧 운동권에 가담하게 되었다. 학회와 동아리, 그리고 내가 다니던 학교 밖의 학습모임에서 이러저러한 맑스주의 계열의 저작들을 읽었다. 그렇게 읽었던 맑스주의자들의 저작들 가운데 내게 가장 흥미롭게 다가왔던 책은 그람시의 『옥중수고』였다.

　그의 많은 개념들은 우리 사회에서 왜 운동이 쇠퇴하는지, 어째서 노동자 대중이 자신들의 계급직 이해에 반하여 자본가의 이익을 대변하는 정치세력을 지지하는지를 내가 비로소 '이해'할 수 있게 해주었다(사실은 "이해한다고 생각하게 해주었다"라고 말해야 옳을 것이다!). 그람시는 조직적 활동을 강조하던 대다수의 선배들이 숭배하던 레닌보다, 혹은 좀더 현장 투쟁에 결합해야 한다고 역설하던 선배들이 열광하던 로자 룩셈부르크보다, 그리고 왠지 좀더 똑똑해 보이던 선배들이 선호하던 알튀세르보다 나를 더욱 강렬하게 사로잡았다. 그런데 그런 그람시가 자신의 책 곳곳에서 마키아벨리에 대해 긍정적인 평가를 내리며 그의 저작으로부터 자기 개념과 논리를 형성하기 위한 기초 재료들을 끌어오고 있던 것이었다. '어, 그렇다면 마키아벨리가 그렇게 나쁜 놈만은 아니었던 것일까?' 이제 와서 생각해 보면 그렇게 마키아벨리에 대한 내 편견은 깨지기 시작했던 것 같다.

하지만 그람시에 의해 촉발된 마키아벨리에 대한 나의 재평가(?) 작업은 그리 본격적으로 진행되지는 않았다. 사실 마키아벨리에 대한 그람시의 논의는 당시 내 관심사에는 그다지 들어맞지 않았다. 지배적 질서를 재생산하는 일상생활과 문화적 기제들의 영향력이나 맑스주의 철학에 더 관심이 많았던 나로서는 당연히 헤게모니와 시민사회, 혹은 유기적 지식인과 대중문학, 그리고 '실천철학'으로서 맑스주의 철학에 대한 그의 논의들이 훨씬 더 흥미로웠다. 그렇게 마키아벨리는 다시 내 지적 관심사를 비껴 갔다.

* * *

조금은 주제를 벗어난 이야기겠지만, 국내에서 그람시에 대한 관심은 1990년대 초중반에 있었던 '시민사회 논쟁' 와중에 가장 높았을 것이다. 그때 그람시의 시민사회 개념이나 헤게모니에 대한 논의가 매우 주목을 받았다. 더불어 이 시기에 문화에 대한 관심이 높아지면서 대중문학을 비롯한 문화에 대한 그람시의 논의 역시 많은 이들의 이목을 끌었다. 사실 나 역시 그러한 시대의 지적 분위기 속에서 그람시에 흥미를 가졌었다. 하지만 지금의 나는 『옥중수고』의 가장 핵심적인 부분은 정치정당론, 다시 말해 '현대의 군주'론에 있다고 생각한다.

옥중에 갇혀서도 이탈리아에서의 혁명을 고민하던 그에게 가장 중요한 문제는 이탈리아에 새로운 국가, 해방된 인민의 국가를 건립할 역사적 주체를 어떻게 구성할 것인가였다. 그람시 당시의 이탈리아는 지역적으로 매우 불균등하게 발전한 나라였다. 공업화가 많이 이루어져 완전히 자본주의적 질서에 편성되어 있던 북부 이탈리아의 도시 프롤레타리아트와 여전히 봉건적 농업이 중심적 생산력이었던 낙후된 남부 이탈리아의 농촌 민중을 단일한 집단적 의지 속에서 하나로 묶어 내는 것이 그람시에게는 관건적인 문제였다.

즉, 혁명을 위한 "긍정적 조건들은, 공업생산 분야에서 적절한 발전을 얻었고 또 일정 수준의 역사·정치적 문화를 습득한 도시 사회집단들의 존재에서 찾아야 한다. 그렇지만 거대한 농민 대중이 이들과 동시에 정치생활로 분출되어 들어오지 않는다면 국민적·민중적 집단의지의 형성은 도저히 불가능하다"는 것이다. 그는 이 기획을 마키아벨리와 연결시킨다. 위 문장 바로 뒤에 그람시는 다음과 같이 쓰고 있다. "마키아벨리가 국민군의 개혁을 통해 도모하고자 했던 것이 바로 그 점"이었다고 말이다(『옥중수고』 1권, 141~142쪽).

그람시는 이런 "국민적·민중적 집단의지의 형성"을 "도모"할 정치적 존재에 '현대의 군주'라는 이름을 부여했다. 물론 여기서 '군주'란 마키아벨리가 『군주론』에서 제시한 바로 그 군주이다. 그렇지만 당연하게도 그람시의 군주가 '현대'의 군주인 이상, 15세기 초엽의 이탈리아적 맥락에서 제시된 마키아벨리의 군주와 전적으로 동일할 수는 없었다.

> 현대의 군주, 즉 신화·군주는 실제의 한 인격, 하나의 구체적인 개인일 수는 없다. 그것은 오직, 이미 인정받았으며 또한 어느 정도까지는 행동을 통하여 스스로를 확인한 하나의 집단의지가, 그 속에서 하나의 구체적인 형태를 취하기 시작하는 유기체 혹은 복합적 사회 요소일 수밖에 없다. 역사는 이미 이러한 유기체를 보여 주었는데 그것이 바로 정치정당──보편적·전체적으로 되고자 하는 집단의지의 효소들이 함께 모인 최초의 세포──이다. (『옥중수고』 1권, 136~137쪽)

즉 현대의 군주는 하나의 집단의지 속에서 결집된 다양한 개인들의 조직체 혹은 정치적인 집단적 신체, 다시 말해 정치정당을 의미하는 것이었다. 이탈리아의 혁명을 위해서는 맑스주의 정치정당이라는 현대의 군주가 이탈리아 전역에 흩어져 있던 분산된 개인들을 하나의 정치적 세력으로 응고하도록 하는 촉매의 역할을 수행해야 한다고 그람시는 생각했다. 그리고 이 기획은 사실 15세기 이탈리아의 정세 속에서 마키아벨리가 군주라는 예외적 개인을 통해 시도하고자 했던 것이었다. 이러한 마키아벨리적 기획 속에서 그람시를 읽을 때, 시민사회와 헤게모니, 유기적 지식인과 역사적 블록과 같은 그의 개념들을 좌파 시민운동론의 맥락에서가 아니라 혁명적 정치의 관점에서 이해할 수 있다고 나는 생각한다.

* * *

자, 이제 다시 마키아벨리와 나의 만남에 대한 이야기로 돌아와야 할 것 같다. 그로부터 꽤 시간이 지난 후 마키아벨리를 본격적으로 재검토하게 되는 계기가 찾아왔다. 이 역시 그 당시에 내가 흥미롭게 읽고 있던 두 명의 맑스주의 사상가로부터 시작되었다. 그 한 사람은 루이 알튀세르(Louis Althusser)였고 또 다른 사람은 안토니오 네그리(Antonio Negri)였다. 문화연구를 전공으로 선택하고 석사과정에서 공부를 시작하게 된 나에게 알튀세르는 결코 지나칠 수 없는 이론가였다. 그의 이데올로기 이론은 문화연구를 위한 핵심적인 지적 도구 가운데 하나였기 때문이다. 처음에는 전공적 필요 때문에 알튀세르를 공부하기 시작했지만, 이내 나는 그의 사유에 급속히 빠져들어 갔다. 그렇게 알튀세르를 읽다가 예기치 않게 다시 마키아벨리를 만나게 되었다. 자신의 지적인 여정이 끝나 갈 무렵에 이르러 알튀세르는 마키아벨리와의 만남을 회상하며 이렇게 말한다. "그때[마키아벨리를 처음 읽었을 때—인용자] 이후 나는 마키아벨리를 읽고 마키아벨리를 이해하려고 했으며, 끊임없이 다시 마키아벨리에게로 돌아왔으며, 고등사범에서 마키아벨리에 대한 강의도 여러 번 했다. 마키아벨리는 명백히, 맑스보다 더욱더, 나를 가장 매료했던 저자였다"(알튀세르, 『미래는 오래 지속된다』, 551쪽).

　비슷한 시기에 나는 네그리의 『제국』을 같이 읽고 있었다. 네그리는 알튀세르와는 또 다른 방식으로 맑스의 문제의식을 이어받으면서도 그의 한계를 돌파하기 위한 사유를 펼쳐 가는 흥미로운 이론가였다. 네그리는 서양 근대사상의 계보를 크게 둘로 나누면서 하나를 초월적 근대성의 계보로 다른 하나를 내재적 근대성의 계보라고 규정한다. 그에 의하면 근대성은 하나의 단일한 개념이 아니었다. 적어도두 개의 대립적인 개념들이 근대성의 의미를 규정하기 위해 투쟁해왔다는 것이다. 그 하나는 천상의 신이 역사의 초월적 동력임을 거부하고 현실세계 안에 존재하는 내재적 존재들의 힘이 세계를 구축하고 변형하는 동력임을 밝혀내고자 했던 '내재성의 노선' 내지는 '혁명적 근대성'이었다. 반면 이에 대항하는 근대성은 인간의 세계에 결코 흔들리지 않는 확고한 권력의 중심을 다시 세우고, 그 중심에 의해체계적으로 운영되는 질서를 수립하고자 했던 '초월성의 노선' 내지는 '권력의 근대성'이었다.

　그런데 내게 충격적이었던 것은 네그리가 혁명적 근대성을 밀고나간 내재성의 계보 첫머리에 마키아벨리를 놓는다는 점이었다. "무엇보다 구성권력으로서——즉 내부적이고 내재적인 사회적 동력의산물로서——의 마키아벨리적 권력 개념이 존재한다. 마키아벨리에게 권력은 언제나 공화주의적이다. 권력은 언제나 다중의 삶에서 나오는 산물이며 다중의 표현 구조를 구성한다"(하트·네그리, 『제국』,

222쪽). 이미 만들어져서 지배를 행사하는 현실적 국가의 주권이 아니라 다중(multitudo)이 자신들에게 공통적으로 필요한 정치적 삶의 형식을 창조해 내는 집단적 잠재력인 '구성권력'이 가장 근원적인 권력이라고 마키아벨리는 생각했다는 것이다. 즉, 마키아벨리의 권력 개념은 철저히 민주적이었고, 그런 의미에서 그의 사유는 권력에 대한 혁명적 사유의 계보에 속해 있다고 네그리는 말하고 있었다.

보통 저는 데카르트에서 루소와 헤겔에 이르는 노선을 초월주의자 혹은 초월적이라고 정의합니다. 다른 한편, 마키아벨리에서 스피노자와 맑스에 이르는 극도로 강력한 유물론적·내재론적 노선을 추적합니다. 저는 분명히 이 두번째 해석의 노선을 더 선호합니다. 이 노선 안에 대단히 중요한 역사적·정치적·전복적 행동 내지 태도가 있었다고 저는 믿고 있어요. (네그리, 『굿바이 미스터 사회주의』, 27쪽)

이제 더 이상 마키아벨리를 제대로 읽지 않을 수 없었다. 일단은 알튀세르와 네그리의 논의를 이해하기 위해서라도 그의 책을 읽어야 했다. 그렇게 나의 『군주론』 읽기는 시작되었다. 『군주론』은 한마디로 놀라운 책이었다. 정치가 이루어지는 냉혹한 현실을 정면으로 직시하면서도 그 냉혹한 현실의 논리에 함몰되지 않고 그 현실과는 다른 세계를 구축하려는 마키아벨리의 지적인 고투를 읽으면서 나는 한때 그토록 혐오하던 마키아벨리주의자가 서서히 되어 갔다.

하지만 그때까지 나의 마키아벨리 읽기는 '독서'의 수준을 크게 벗어나지 못했다. 그에 대해 스스로 '사유'하게 된 계기는 크게 두 가지로 나눌 수 있을 것 같다. 첫번째 계기는 연구공간 '수유+너머' 시절에 참여했던 '맑스주의와 정치' 세미나였다. 이진경 선생님의 주도하에 이루어진 이 세미나에서 나와 동료들은 맑스, 레닌, 그람시, 로자 룩셈부르크 등의 글을 읽고 그들의 정치학에 대한 글을 한 편씩 제출해야 했다. 그때 내가 선택한 텍스트는 맑스의 「루이 보나파르트의 브뤼메르 18일」이라는 글이었다.

맑스의 그 글을 읽으면서 나는 무엇보다 마키아벨리 정치학의 핵심적 주제인 운(fortuna)과 역량(virtù)의 관계를 떠올렸다. 1848년 프랑스에서 벌어진 프롤레타리아트와 부르주아 계급의 충돌, 그리고 부르주아 계급 내부에서 정치권력을 놓고 일어난 이전투구의 양상에 대한 맑스의 분석을 읽으면서 나는 프롤레타리아트가 승리하기 위해서는 그들이 운의 흐름을 파악하고 그것을 활용하는 역량을 갖추어야 한다는 주제의 글을 썼다. 물론 그때 썼던 글이 그리 완성도가 높은 것은 아니었지만 그 글을 쓴 이후 마키아벨리는 내 지속적인 관심사가 되었다. 무언가 맑스주의 정치학에서 마키아벨리적 모멘트가 중요하다는 막연한 문제의식 때문이었으리라.

마키아벨리에 대해서 본격적으로 '연구'를 하게 된 계기는 '노마디스트 수유너머N'에서 '마키아벨리의 정치사상'을 주제로 진행했던 정치철학 세미나였다. 그때 마키아벨리의 주요 저작과 그의 사유에 직간접적으로 연관된 정치적·철학적 저작들을 읽으며 마키아벨리의 정치학에 대해 집중적으로 공부할 수 있었다. 아마도 마키아벨리에 대한 이 책을 쓸 수 있게 해주었던 직접적인 원천은 바로 노마디스트 수유너머N에서 진행했던 마키아벨리 세미나였을 것이다.

* * *

생각해 보면 나는 결국 맑스주의 정치라는 맥락에서 마키아벨리를 읽어 왔다. 내게 마키아벨리에 대해서 새롭게 생각할 수 있는 여지를 제공해 준 그람시, 마키아벨리의 중요성을 비로소 인식하게 만들어 준 알튀세르와 네그리는 모두 맑스주의자였다. 그리고 마키아벨리를 혁명적 정치학의 장 속에서 다시 생각해 보도록 계기를 마련해 준 이는 바로 맑스 자신이었다. 그들을 통해 마키아벨리를 만나면서 나는 왕을 비롯한 지배자들의 옹호자로서의 마키아벨리가 아니라 인민의 자유와 평등이 보장되는 정치체를 구축하고자 열망했던 해방의 정치철학자로서의 마키아벨리를 만날 수 있었다.

나는 맑스주의가 억압과 착취가 없는 세계, 계급이 폐지되고 모든 이가 평등과 자유를 기반으로 하여 서로 협력하는 민주주의의 세계, "각인의 자유로운 발전이 만인의 발전을 위한 조건"이 되는 세계에 대한 욕망의 정치적 표현이라고 생각한다. 하지만 현실에서 그런 세계를 구축하고자 했던 맑스주의는 승리보다는 패배를 더 많이 경험해 왔다. 한때 현실 속에서 맑스주의의 이념이 국가체제로 구현된 적이 있었지만, 그것은 곧 인민에 대한 또 다른 억압과 수탈의 체제로 '부패'해 버렸고 결국에는 해체되었다. 왜 보다 나은 세계를 만들고자 했던 맑스주의의 역사에는 승리의 기록보다는 패배의 기록이 더 많았을까? 왜 자유와 평등을 보편화하고자 했던 민주주의적 열망이 담긴 투쟁들은 거의 대부분 좌절해야만 했을까?

이런 질문 속에서 나는 마키아벨리를 읽는다. 마키아벨리는 아름답지만 추상적인 도덕적 이상이 아니라 이해관계의 논리가 지배하는 처절한 현실에 철저하게 뿌리를 내리고 자신의 정치적 사유를 시작한다. 그러나 그는 현실의 거대한 힘에 함몰되지 않았다. 그의 사유를 추동했던 것은 인민의 해방이라는 '이상'이었다. 필요한 것은 그 이상을 구체적인 현실 안에서 구현하기 위한 실제적인 행동의 기예였다. 자유를 위한 투쟁, 평등을 위한 싸움이 승리하기 위한 정치적 실천의 현실성을 나는 마키아벨리로부터 배웠다. 그와의 만남을 통하여 맑스주의와 민주주의가 한갓 도덕적 이상과 추상적 원칙에 매몰되어 현실의 투쟁 속에서 무력화되어 버리지 않을 수 있는 '가능성의 중심'을 발견할 수 있었던 것이다.

그저 살기 위해 투쟁했던 용산 남일당의 철거민들이 도심 테러리스트로 몰려 경찰 특공대의 잔인한 진압 작전 속에서 죽어 갔고, 단지 자신이 일하던 공장에서 짤리지 않기 위해 싸웠던 쌍용자동차의 수많은 노동자들이 파업이 진압당한 이후 하나둘씩 죽어 가고 있다. 가난에 힘겨워 아버지는 아이와 함께 목숨을 끊고, 과중한 학비로 인해 빚을 져야 했던 많은 젊은이들 역시 스스로 삶을 저버리고 있다. 가난한 자들에게는 단지 먹고살아 가는 동물적 삶마저도 너무나 힘겨운 일이 되어 버린 참담한 시대를 우리는 살아가고 있다. 이 참혹한 시대를 더 이상 용납할 수 없는 이라면, 이 잔혹한 사회를 더 이상 견딜 수 없는 이라면, 그리하여 평등과 자유 속에서 만인이 협력하는 세계를 꿈꾸는 이들이라면, 이 냉정한 현실 속에서 그는 마키아벨리주의자가 되어야 한다고 나는 생각한다. 꿈을 단지 꿈으로 끝내지 않으려면 우리는 철저하게 냉혹하고 엄정한 현실 속에서 현실적으로 사유하고 활동해야 한다.

언젠가 그람시는 다음과 같은 슬로건을 쓴 적이 있다. "지성의 비관주의, 의지의 낙관주의!" 나는 이 표현이 지성의 관점에서 보자면 현실의 변혁 가능성을 발견하기에 비관적이지만 세상을 변혁시키려는 의지로 그 불가능성을 돌파해야 함을, 변혁적 의지의 힘을 낙관해야 함을 뜻하는 것이 아니라고 생각한다. 오히려 이 표현은 더 나은 세계를 위한 꿈을 가진 이들, 그러한 세계를 구성하려는 의지를 가진 이들의 지성은 냉엄한 현실, 현실의 비루함에 대해 결코 눈감아서는 안 됨을, 이러한 세계를 변혁하려는 지성의 고투는 바로 이 비관적 현실 속에서 출발해야 함을 강조하는 말이라고 생각한다. 또한 더 나은 세계를 만들고자 하는 이들의 의지는 참담한 현실의 굳건한 힘에 결코 굴복해서도 안 된다는 것을 강조하는 말로 읽어야 한다. 그리고 나는 이것이 바로 마키아벨리의 가르침이라고 생각한다.

* * *

한 권의 책을 쓰면서 서문에 감사의 말을 나는 것이 단지 의례적인 행위만은 아니라는 사실을 이 책의 서문을 쓰면서 절감하게 되었다. 비록 이 책이 내 이름으로 출판되겠지만 책을 쓰는 과정은 정말 수많은 사람들과의 협력 속에서 이루어졌다. 그분들에게 감사의 마음을 전하지 않을 수 없다. 누구보다 감사해야 할 분들은 부모님이다. 30대 후반에 이르기까지 공부만 하고 있는 아들을 부모님은 늘 지지해 주셨고 믿어 주셨다. 그분들의 지원과 신뢰가 없었다면 나는 일찌감치 공부를 그만두어야 했을 것이다. 부모님께 감사와 존경의 인사를 꼭 드리고 싶다. 누나는 내게 최초의 지적 자극을 준 사람이었다. 어린 시절 누나의 책장에 꽂힌 책들을 읽으며 처음으로 앎의 세계가 주는 기쁨을 맛보았고, 누나와 나눈 대화는 나를 '생각하는 아이'로 만들어 주었다. 누나에게도 깊은 감사의 마음을 전한다. 더불어 친형이 없는 나에게 언제나 좋은 형의 역할을 해준 매형에게도 고마움을 표하고 싶다.

　대학을 졸업하고 공부를 계속하면서 좋은 선생님들을 만날 수 있었던 것은 내게 커다란 행운이었다. 현재 내가 적을 두고 있는 중앙대학교 문화연구학과의 강내희 선생님께 특히 감사드린다. 선생님은 학자의 글쓰기가 가져야 할 엄밀성과 사유의 치밀성이 얼마나 중요한지를 가르쳐 주셨다. 특히 강내희 선생님이 보여 주시는 실천하는 지식인의 모습은 평생을 배우고 싶은 부분이다. 선생님과 같은 분을 지도교수로 모실 수 있어서 감사한다. 학교에서 공부하는 과정에서 커다란 가르침을 주신 또 한 분의 스승은 석사논문을 지도해 주신 연세대학교 문화학협동과정의 김현미 선생님이시다. 연구자로서의 훈련을 시작하던 시기에 김현미 선생님을 만난 것은 참으로 행운이었다. 선생님을 통해 연구자의 글이 가지는 정치성의 의미와 삶의 구체적인 현장에서부터 형성되는 지식의 중요성을 배울 수 있었다. 더불어 제자들의 일상적 고민까지 헤아려 주시던 선생님의 사려 깊음 덕분에 석사과정의 시간들이 참으로 좋았다는 말씀도 드리고 싶다. 내 공부의 스승들에게 감사의 마음을 표하는 자리에서 결코 빠질 수 없는 분이 노마디스트 수유너머N의 이진경 선생님이다. 고등학생 때 선생님의 『상식 속의 철학, 상식 밖의 철학』과 『논리 속의 철학, 논리 밖의 철학』을 처음으로 접한 이후 지금에 이르기까지 선생님의 글들은 내게는 늘 강렬한 지적 자극제였다. 연구공간 수유+너머와 노마디스트 수유너머N에서 선생님과 함께 공부하고 생활하며 활동해 온 지난 7년 동안 그로부터 많은 것들을 배웠다. 이진경 선생님은 공부에서뿐만이 아니라 삶에 있어서도 훌륭한 스승이다.

'연구실'(우리는 '노마디스트 수유너머N'이라는 우리의 길고 이상한 이름을 간단하게 '연구실'이라고 줄여 부른다)에서 공부를 시작하던 무렵 자주 들었던 말이 '공부는 친구와 함께하는 것'이라는 말이었다. 그 말은 처음부터 내게 울림이 컸다. 그리고 그 말은 사실이었다. 마키아벨리의 『군주론』에 관한 이 책도 나와 더불어 마키아벨리의 저작들을 읽고 토론해 준 연구실의 동료들 덕분에 쓸 수 있었다. 같이 공부하고 밥을 해 먹고 거리에서 함께 싸웠던 노마디스트 수유너머N의 동료들에게 진심으로 고맙다는 말을 하고 싶다. 감사해야 할 공부의 친구들이 더 있다. 내 실었던 대학 시절이 끝나 갈 무렵 만났던 '좌변기' 친구들 덕분에 함께하는 공부의 위력과 즐거움을 알 수 있었다. 그리고 연구실과는 또 다른 앎의 지평을 내게 보여 주고 있는 연구집단 카이로스의 친구들에게도 감사의 인사를 전한다.

이 책을 쓰는 동안 다양한 마키아벨리 연구자들의 저작과 논문에 큰 빚을 졌다. 그 글의 저자들께 당연히 감사의 말씀을 드려야 할 것이다. 그 가운데서 특히 서강대의 강정인 선생님만큼은 따로 언급해야 할 것 같다. 마키아벨리의 주요 저작들을 한국어로 읽을 수 있었던 것은 강정인 선생님이 기꺼이 번역이라는 노고를 지셨기 때문이었다. 마키아벨리를 다룬 중요한 글들 역시 선생님의 번역 덕분에 쉽게 읽을 수 있었다. 또한 선생님이 직접 쓰신 마키아벨리에 대한 글들은 내게 마키아벨리의 사유라는 대지를 탐사하기 위한 훌륭한 길잡이 역할을 하여 주었다. 비록 한 번도 뵌 적은 없지만 지면으로나마 강정인 선생님께 감사의 인사를 드리고자 한다.

그리고 그린비출판사의 '역량 있는' 편집자들에게도 감사를 표하지 않을 수 없겠다. 유재건 사장님과 김현경 주간님이 보여 주신 우정에는 앞으로 두고두고 보답할 생각이다. 이 책의 편집을 담당했던 박태하 팀장의 적절한 조언과 빛나는 아이디어는 정말 큰 도움이 되었다. 그린비 사람들 덕분에 이 책을 쓰는 과정은 무척이나 즐거운 시간일 수 있었다.

개인적으로 감사의 마음을 표현하고 싶은 친구들과 동료들이 있다. 김진현, 고병권, 최진석, 김고연주, 양희송, 박총, 한윤아, 김정운기, 백인아, 박성훈, 김현준, 이정선, 정용택, 정선희, 조익상, 김형욱, 박설희, 조경숙, 이원석, 김강기명, 김은석, 이종연, 강석규, 박찬욱, 오병모, 이진범, 임웅섭, 최종원, 문지웅, 박동훈……. 이 명단은 한없이 늘어날 수도 있지만 우선은 도저히 그냥 지나칠 수 없는 이름들만 적는다. 내 좋은 친구들에게 감사를 전한다.

　마지막으로 아내──그녀는 이 표현을 무척이나 싫어하지만──김성희에게 마음으로부터 우러나오는 고마움을 전하고 싶다. 더불어 장인어른과 장모님께도 깊은 감사의 인사를 드린다. 많이 부족한 사위를 늘 격려해 주시고 응원해 주시는 사려 깊은 헤아림은 언제나 내 공부의 큰 힘이다. 무엇보다 그녀와 함께할 수 있도록 해주신 분들이시니 어찌 감사하지 않을 수 있을까. 그녀와 함께 삶의 시간들을 보내고 있다는 사실이 내게는 가장 커다란 기쁨이다. 자신의 신념을 구현하기 위해 열정을 다하는 그녀의 삶은 내게 그 어떤 책보다도 많은 깨우침을 준다. 그녀가 이 책을 재미있게 읽어 준다면 그보다 더 보람 있는 일은 없을 거 같다. 나의 아내 김성희에게 사랑하는 마음을 담아 감사의 인사를 건넨다.

군주론,
운명을 넘어서는
역량의 정치학

>>차례

일러두기

1 이 책이 인용한 책과 글의 상세 서지사항은 권말의 부록 '이 책에서 인용한 참고문헌'에
   표기해 두었다. 단, 『군주론』의 인용문은 강정인·김경희가 옮기고 까치에서 펴낸 제3판
   개역본에서 가져온 것임을 미리 밝혀 둔다.

2 인용문은 대부분 그대로 옮겼으나 이 책의 맥락에 맞게 단어를 바꾸어 옮긴 경우가 있다
   (예: 올바름 → 정의 / 신사 → 귀족 / 능력 → 역량 등). 이 경우 따로 표시하지는 않았다.

3 단행본·정기간행물의 제목에는 겹낫표(『 』)를, 논문·단편·회화·조각 등의 제목에는 낫표
   (「 」)를 사용했다.

4 외국어 고유명사는 2002년에 국립국어원에서 펴낸 외래어 표기법을 따라 표기했다.

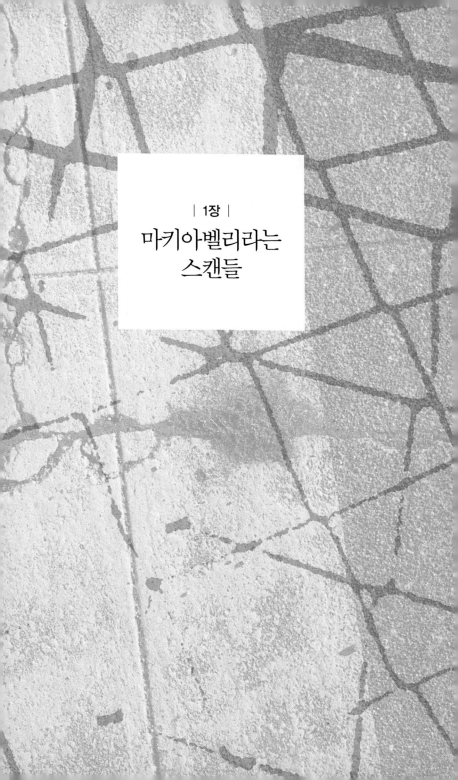

| 1장 |

마키아벨리라는
스캔들

1_문제적 이름, 마키아벨리

그 시작이 스캔들이지 않았던 불온한 사상이 있었을까? 시대의 안온한 통념들을 그 뿌리부터 뒤흔들고, 지배적 사유의 견고한 벽을 굉음과 더불어 파열시킨 사상은 언제나 격렬한 반대와 증오 어린 저주의 대상이지 않았던가? 우리는 이러한 사상가들을 알고 있다. '아테네의 개'라 불린 디오게네스, 데모크리토스의 원자론에 대한 신비주의적 아류로 취급되었던 에피쿠로스, '중세 신학의 교황' 아퀴나스의 가르침을 반박하여 불온시되었던 둔스 스코투스, 종교적으로 파문되고 정치적으로 위협에 시달리며 살았던 스피노자, 신을 저주하고 파시즘을 준비한 철학자로 낙인찍힌 니체, 그리고 정당한 부를 증오한 붉은 전체주의자로 비난당한 맑스……. 새로운 사유와 다른 삶의 방법을 고안한 사상가들은 언제나 그 시대의 스캔들이었다.

이 지적 스캔들의 계보 속에서 어떻게 니콜로 마키아벨리(Niccolò Machiavelli)의 이름을 빼놓을 수 있을까. 1532년 출간된 그의 주저 『군주론』(*Il Principe*)은 강렬한 반발을 불러일으켰다. 영국의 추기경 레지널드 폴은 1536년 이 책을 '악마의 저작'이라 낙인찍었고, 1559년 교황청은 『군주론』을 금서로 지정하였다. 스페인의 예수회 회원들은 마키아벨리를 종교적 신성과 권위를 파괴하는 인물이라 몰아붙였고, 프로이센의 프리드리히 2세는 심지어 그를 '악마의 자식'이라고 불렀으며 『군주론』을 "인간성을 파괴하려는 괴물"의 저작으로 규정하였다. 마키아벨리에 대한 이러한 통념은 오늘날에도 크게 달라지지 않은 것 같다. 목적을 위해서는 수단과 방법을 가리지 않고 그것을 성취하려는 태도를 의미하는 영어단어가 '마키아벨리즘'이라는 사실이 이 같은 관념을 잘 보여 주고 있다.

무엇이 이토록 마키아벨리에 대한 격렬한 비난과 반대를 불러일으켰을까? 그것을 단지 마키아벨리에 대한 무지에서 비롯된 오해라고 치부할 수만 있을까? 사실 마키아벨리에 대한 도덕적 비난은 그의 생각과 전혀 무관한 것은 아니다.

어떤 상황에서나 선하게 행동할 것을 고집하는 사람이 선하지 않은 많은 사람들에게 둘러싸여 있다면, 그의 몰락은 불가피합니다. 따라서 권력을 유지하고자 하는 군주는 상황의 필요에 따라서 선하지 않을 수 있는 법을 배워야만 합니다. (『군주론』, 15장)

도덕적 원칙 따위는 아랑곳하지 않고 권력의 유지 그 자체를 군주의 최고 덕목으로 내세우는 마키아벨리의 이미지는 분명 그 자신의 문장과 무관한 모함만은 아니었다. 그리고 이 문장은 마키아벨리에 대한 또 다른 대중적 선입견을 상기시켜 준다. 즉 군주정을 옹호하

마키아벨리즘과 아메리카니즘

미국 네오콘의 사상적 대부라고 평가되는 레오 스트라우스는 마키아벨리 연구자로도 유명하다. 그는 『마키아벨리』라는 책에서 마키아벨리에 대한 맹목적 비난에 반대한다. 마키아벨리를 비판하기 이전에 그의 사상을 제대로 알아야 한다는 것이다. 하지만 그는 종국적으로 마키아벨리의 사상이 정의롭지 못하다고 선언하면서 아메리카니즘을 마키아벨리즘의 대안으로 제시한다. "미합중국이야말로 세계에서 유일하게 마키아벨리의 원칙에 정면으로 반대하며 이루어진 나라다. …… 미국은 자유의 보루다. …… 미국의 실상이 미국의 열망과 불가분인 한, 아메리카니즘은 마키아벨리즘과 정반대되는 것으로 이해해야 한다"(스트라우스, 『마키아벨리』, 17~18쪽). 자국의 이익을 위해서라면 자유와 평등을 기꺼이 짓밟을 수 있는 미국의 '아메리카니즘'이 그의 주장대로 '마키아벨리즘'과 정반대되는 것이라면, 마키아벨리즘을 나쁜 정치학이라고 비난할 이유는 없는 것 같다.

고 공화정을 반대하는 왕당파 마키아벨리라는 이미지. 그 자신이 공화국인 피렌체의 공무원으로 일했음에도 불구하고 공화주의적 관점에서 시민의 권리를 강화하는 방법이 아니라 군주의 관점에서 군주의 권력을 유지·확대하는 방법을 역설한 책을 저술했다는 사실 자체가 그의 반민주적 노선을 명확히 보여 준다는 것이다. 그리고 이러한 이미지 또한 『군주론』과 무관한 것은 아니다.

하지만 마키아벨리에 대하여 이러한 혹평만 있었던 것은 아니다. 가령 20세기 초반 활동했던 이탈리아의 맑스주의자 그람시는 마키아벨리의 사상에 기대어 혁명적 정치에 대한 자신의 사유를 발전시켜 갔다. 이탈리아의 공산주의 혁명을 이끌 집단인 정당을 그가 다른 말로 '현대의 군주'라고 부른 데서 알 수 있듯이 그람시는 자기 정치사상의 근간을 마키아벨리에게서 찾는다. 그는 『옥중수고』 전반에 걸쳐 마키아벨리를 참조하며 선진화된 유럽의 맥락에서 공산주의 혁명의 가능성을 모색한다. 뿐만인가? 20세기 중후반, 맑스주의의 전화를 이끌었던 프랑스의 철학자 알튀세르는 정세에 개입하는 정치적 실천에 대한 사유를 자극할 수 있는 영감을 마키아벨리에게서 발견하였다. 특히 그의 후기 저작들에는 마키아벨리에 대한 언급이 자주 등장하고 있다. 가령 그는 『마키아벨리의 가면』이라는 마키아벨리 연구서를 출간하였으며, 자신의 최후기 철학을 담고 있는 유고들에서 마키아벨리를 '우발성의 유물론'이라는 혁명적 시유를 전개한 철학자 가운데 한 사림으로 그려 내고 있다. 또한 21세기 맑스주의의 대표적 이론가 중 한 사람인 네그리는 마키아벨리를 보수적인 근대성에 맞서 해방적 근대성을 열어 나간 대표적인 사상가로 평가한다.

한 사람의 사상가에 대한 평가가 이렇게 극단적으로 갈린다는 것은 그 사상이 이전의 척도로는 규정할 수 없는 낯선 것이었음을 뜻한다. 익숙한 것에 결별을 강요하는 사상은 언제나 극단적인 긴장감을 요구한다. 익숙한 것을 당연한 것으로, 그리고 그 당연한 것을 정당한 것으로 받아들여 온 이들은 낯선 것에 분노하기 쉬운 반면, 익숙하고 당연한 것에 대해 불만을 느껴 온 이들은 낯선 것에 매혹되기 쉽다. 그렇다면 마키아벨리에 대한 반대와 찬성은 모두 마키아벨리에게 있는 어떤 낯섦에 대한 반응인지도 모르겠다.

마키아벨리의 어떤 점이 하나의 낯섦으로 다가온 것일까? 『군주론』에서 마키아벨리는 자신의 정치학이 어떤 관점에서 형성된 것인지를 다음과 같이 밝히고 있다.

[저는 이 책에서 ─ 인용자] 누구에게나 유용한 것을 쓰려고 하기 때문에, 이론이나 사변보다는 **사물의 실제적인 진실에 관심을 기울이는 것**이 더 낫다고 생각합니다. (『군주론』, 15장. 강조는 인용자)

마키아벨리의 사유가 이전의 것에 대하여 낯선 것이었다면, 이는 바로 그가 '사물의 실제적인 진실에 관심을 기울이는 것'을 중시했기 때문이었다. 17세기 네덜란드에서 활동했던 철학자 스피노자는 "철학자들은 인간을 있는 그대로의 모습이 아니라 그들 스스로가 원하는 모습으로 상상"했기 때문에, "일반적으로 윤리학 대신 풍자시를 써 왔으며 사용할 수 있는 정치론을 염두에 둔 적이 결코 없었다"라고 지적한 바 있다(스피노자, 『정치론』, 17~18쪽). 그러나 이는 마키아벨리 역시 이미 가지고 있던 문제의식이기도 했다. 마키아벨리에게 중요했던 것은 사물의 배후에서 그것을 규정하는 어떤 도덕적 법칙이나 영원불변하는 본질 따위가 아니었다. 이런 것들은 고대로부터 철학자들이 사변과 이론을 통해 규명하고자 했던 것이었고, 마키아벨리 당시까지도 정치에 대한 지배적 사유 방식이었다. 그러나 마키아벨리의 대상은 이데아나 형상, 혹은 영원한 신의 법 따위가 아니라 "사물의 실제적인 진실", 즉 인간의 정치적 행동이 이루어지는 구체적인 현실이었다. 그는 이 현실로부터 자신의 정치학을 구축하고자 하였던 것이다. 이념, 이상, 혹은 세계를 움직이는 초월적 원리가 아니라 생생한 현실 속에서 살아가는 인간들의 구체적인 활동으로서 정치를 냉엄하게 사유하는 것. 바로 이 현실주의가 마키아벨리 정치철학이 갖는 낯섦의 요체였다.

2_정치, 현실주의와 투쟁하는 현실주의를 위하여

그렇다면 마키아벨리의 이 '새로운' 정치철학을 오늘 우리는 어떻게 평가할 수 있을까? 앞에서 말했듯, 마키아벨리의 사상에 대한 입장은 찬성과 반대로 갈라진다. 결론부터 말하자면 이 책은 마키아벨리의 입장을 지지한다. 정치는 결코 아름다운 이상을 이 땅의 현실에 도덕적 방법으로 구현하는 활동일 수 없다는 말이다. 그렇다면 정치적 목적을 이루기 위해서는 수단과 방법을 가리지 말아야 한다는 말인가?

사고실험을 한번 해보자. 두 나라 다 왕이 다스리는 A국과 B국이 전쟁 중이다. 이 전쟁은 A국이 B국을 침공하면서 시작되었다. 그러나 A국의 생각보다 B국은 강력했고, 전쟁은 교착상태에 빠져 상당히 오랫동안 계속되었다. 그러던 중 A국이 B국에게 화친을 제의해 왔다. 이제 전쟁을 끝내고 돌아갈 테니 퇴로를 보장해 달라는 것이었다. 그러면서 A국은 화친의 표시로 A국 왕자와 함께 많은 금은보화를 선물로 보내왔다. B국의 장군과 관료들은 A국의 화친 제의를 믿을 수 없다고 말했다. 하지만 덕망이 높은 B국의 군주는 인간의 선의를 믿고 평화를 사랑하는 사람이었기에, 장군과 관료들의 만류를 뿌리치고 이 화친 제의를 수락하였다. 그는 A국이 자국의 왕자까지 볼모로 제공하는 성의를 보이는데 그 진의를 의심하는 것은 부덕한 처사라고 생각했던 것이다. 그리하여 A국은 전장에서 순조롭게 물러갈 수 있었다. A국 군대가 주둔지에서 사라진 것을 보자 B국의 왕은 기뻐하였다. 그리고 B국 군대는 전투태세를 풀고 평화의 도래를 기뻐하는 잔치를 열었다.

물론 이야기가 여기쯤 이르면, 사실 A국 군대가 물러난 것이 아니라는 것은 어렵지 않게 눈치 챌 수 있을 것이다. 그렇다. A국의 화친 제의는 계략이었고 전장에서 물러난 A국의 군대는 우회하여 B국의 후방에서 기습공격을 하였다. 이미 전투태세를 풀어 버린 B국 군대는 A국의 기습을 당해낼 수 없었고 결국 B국은 전쟁에서 패하게 되었다. 하지만 A국 역시 손해를 보았다. A국의 기습을 알게 되자 B국은 볼모로 잡은 A국 왕자를 죽여 버린 것이다.

자, 이 상황을 어떻게 평가할 수 있을까? 도덕적 관점에서 보자면, A국의 군주는 우선 거짓말을 했다. 화친 제의는 사실 B국을 기습하기 위한 기만책이었던 것이다. 또한 A국의 군주는 전쟁에서의 승리를 위하여 자신의 아들이 희생되는 것을 감수하는, 천륜에 어긋나는 짓까지 마다하지 않았다. 반면 B국의 군주는 타인의 진의를 의심하지 않았고 약속을 지켰다. A국의 군주는 승리했지만 부도덕하기 이를 데 없는 비열한 인물이었고 B국의 군주는 패배했지만 도덕적으로 고결한 인물이었다. 그러나 이 상황을 이렇게 단순한 도덕적 관점으로만 평가할 수 있을까?

A국과 B국의 상황은 이어진다. B국을 장악한 A국은 B국을 식민지로 만들어 B국 백성들의 고혈을 짜내기 시작했다. B국의 엘리트들은 모두 죽임을 당했고 백성들은 A국 군대의 무자비한 약탈에 시달려야 했다. B국 군주의 덕망 있는 행위, 그의 도덕적 판단이 B국의 백성들로 하여금 끔찍한 약탈과 수탈을 겪게 만들었던 것이다.

사태가 이쯤 되면 정치적 결정이 도덕적으로 이루어진다는 것이 반드시 '좋은 것'을 의미하지 않을 수 있다는 데에 생각이 미치게 된다. 만약 B국의 군주가 A국의 화친 제의를 믿지 않았다면 어땠을까? 오히려 A국의 화친 제의를 역습의 기회로 삼았다면 승패는 뒤바뀌었을 수도 있다. 그렇게 되었더라면 B국의 백성들은 A국의 수탈을 겪지 않았을 수도 있다. 정치적 차원에서 '좋은 것'의 문제는 단순히 도덕적 차원의 '옳은 것'과 반드시 일치하지 않을 수도 있는 것이다.

그렇다면 자기 나라, 혹은 자기 집단의 이익을 위해서는 그 어떤 파렴치한 행위라도 감수해야만 하는 것일까? 강한 자만 살아남는 냉혹한 현실의 법칙을 그대로 수용하고 그저 승리만을 추구하는 것이 정치란 말일까? 사실 우리는 오늘의 현실정치에서 그런 모습을 어렵지 않게 목도하게 된다. 수많은 부정부패의 혐의에도 불구하고 단지 좀더 잘 먹고 잘살게 해주겠다는 공약을 내세운 정치인이 대통령으로 당선되는 것이 오늘날 정치의 현실이며, 강대국은 석유 자원 확보를 위하여 민간인들을 죽이는 것도 불사하며 전쟁을 일으키는 것이 현실의 정치이지 않은가. 정치가 결코 도덕적 이상에 의해서 이루어질 수는 없는 것이라면 이 모든 사태도 자신의 이익을 확보하고 적을 물리치기 위해 벌어진 것이니 정당한 것으로 승인되어야 한다고 말해야 한다는 것인가?

오늘날 정치에 대한 통념은 이 두 극단에 위치하고 있는 것 같다. 공평무사, 공명정대와 같은 선한 가치를 추구하는 것이 정치라고 생각하는 정의로운 이들은 정치를 도덕적 관점에서 이해하는 반면, 혈안이 되어 자기 이익만을 추구하고 그 이익을 확보하기 위해서는 물불을 가리지 않는 속물주의자들은 정치를 이해관계의 감각으로 파악한다. 정치에 대한 전자의 입장을 탈현실적 이상주의라고 말할 수 있다면, 후자의 입장을 맹목적 현실주의라고 부를 수 있을 것이다.

마키아벨리는 그렇다면 어느 쪽을 지지할까? 정치를 결코 도덕의 관점에서 파악하지 않고 철저하게 냉혹한 현실의 논리 속에서 이해하는 마키아벨리라면 속물주의자들의 정치적 감각을 더 지지하는 것이 당연하지 않을까? 그러나 이런 생각은 마키아벨리에 대한 속류적 해석의 결과이다. 마키아벨리 정치철학의 진면목은 위에서 언급한 정치에 대한 두 가지 일반적 관점, 다시 말해 탈현실적 도덕주의 입장과 맹목적 현실주의 입장 사이의 좁은 길을 모색하고 있다는 점에 있다.

정치의 세계에는 타인에 대한 선의로 충만한 사람들만 존재하지는 않는다. 공명정대함을 추구하고 신의를 지키며 정정당당하게 행동하는 이들은 정치가 이루어지는 현실세계에서는 오히려 소수이다. 오히려 오로지 자기 자신과 자기 집단의 이해관계만을 모든 정치적 판단의 규범적 기초로 삼고 이에 따라 얼마든지 권모술수를 사용하는 이들이 이 세계에는 훨씬 더 많이 존재한다. 그리고 많은 경우 그러한 자들이 권력을 얻는다.

마키아벨리는 바로 이 점을 주목한다. 그런 의미에서 마키아벨리의 정치철학에는 비관적 정조가 담겨 있다. 세계는 결코 선(善)의 법칙에 의해 움직이지 않는다. 그러나 마키아벨리는 이 현실에 맹목적으로 순응하지 않는다. 현실의 비정함에 대해 결코 눈을 감지 않지만 그것을 당연한 것으로 승인하는 것도 아니다. 그는 현실의 비정함을 도외시하지 않으면서도 정치 공동체를 이루는 인민들의 자유와 역량을 보장하고 또 증대할 수 있는 정치적 실천의 길을 모색했던 것이다.

그러나 마키아벨리에게 그 길은 결코 종래의 철학과 종교가 정치에 대해서 설파했던 도덕적으로 올바른 방법에 의해서 만들 수 있는 것이 아니었다. 그는 자유로운 인민들의 역량으로 충만한 정치체를 구축하기 위한 투쟁은 철저하게 현실적이 될 필요가 있다고 생각했다. 단지 현실의 질곡에 눈감고 있는 초월적인 도덕적 이상만을 추구하는 순진하기 그지없는 정치적 입장은 오히려 그러한 투쟁에 있어 방해물일 뿐이다. 그렇기에 마키아벨리의 정치철학은 우선 고대와 중세의 지배적 정치철학 전통이었던 초월적 도덕주의 노선과의 결별로부터 시작된다.

3_정치철학에서 초월주의 노선:
마키아벨리는 무엇과 결별하였는가?

정치철학이라는 전쟁터

칸트는 언젠가 철학사란 전쟁터였다고 말한 적이 있다. 그리고 이는 정치철학의 역사에도 정확히 해당되는 언명이다. 아니 정치철학의 역사보다 이를 직접적으로 보여 주는 사례는 없을 것이다. 정치철학의 역사란 사유를 통해서 수행되는 정치투쟁의 역사였으며, 이 투쟁의 역사로부터 마키아벨리라고 예외는 아닌 것이다. 마키아벨리가 자신의 사유를 무기로 하여 투쟁했던 대상은 플라톤으로 대표되는 고대 그리스의 정치철학과 아우구스티누스와 토마스 아퀴나스로 대표되는 중세의 정치철학이었다. 그렇기 때문에 마키아벨리의 정치학이 가지는 독특성을 보다 명확하게 이해하기 위해서는 이들의 정치철학에 대한 선(先)이해를 에둘러 갈 수는 없을 것이다. 그리고 마키아벨리가 정치철학의 전장에서 수행한 사상적 선투의 맥락을 이해할 때 우리는 마키아벨리 정치철학의 독특성을 보다 명확하게 이해할 수 있게 된다.

마키아벨리는 정치의 세계에서 살아가는 인물들에게 요구되는 핵심적 덕목은 도덕이 아니라고 생각한다. 정치가, 혹은 권력자에게 가장 필요한 것은 자신의 의지를 실현시킬 수 있는 역량이다. 마키아벨리에게 정치는 도덕적 법칙에 순종하는 문제가 아니라 상이한 의지를 가진 힘들의 충돌에서 승리하는 문제였다. 즉 정치의 핵심적 문제는 사실상 힘의 문제이기도 한 것이다.

그러나 정치를 이렇게 힘의 문제로 파악하는 마키아벨리의 사유는 당대의 주류적인 정치철학 전통의 관점에서는 대단히 낯선 것이었다. 마키아벨리의 저작들이 이상적인 정치체제 따위와 같은 초월적 이념이 아니라 정치를 규정하는 '사물의 실제적 진실'에 더욱 관심을 기울였던 점은 바로 당대의 주류적 정치사상과의 대결이라는 맥락에서 이해되어야 한다. 마키아벨리가 살던 시대가 비록 인문주의가 태동하고 근대적 질서가 생성되기 시작하던 때였음에도 불구하고 중세적 관성은 여전히 강력한 영향력을 발휘하고 있었다. 그리고 이는 정치철학에서도 마찬가지였음은 물론이다. 중세의 철학을 지배했던 대표적 인물이 아우구스티누스와 아퀴나스라는 것은 새삼 거론할 필요가 없을 것이다. 잘 알려진 바대로 이들은 자신의 기독교 신앙을 각기 플라톤과 아리스토텔레스라는 고대 그리스 철학자들의 사유를 활용하여 이론화(신학화)시켰던 인물들이다. 신의 속성이나 인간의 본성 등과 같은 형이상학적 논의들뿐만이 아니라 현실에서의 윤리와 정치에 관한 사유에도 고대 철학자들은 중세 신학자들에게 매우 중요한 영향을 미쳤다. 물론 그렇다고 아우구스티누스와 아퀴나스의 신학이 플라톤과 아리스토텔레스의 철학을 기독교 용어로 단순 번역해 놓은 것은 아니었다. 이들 중세 신학자들이 자기 신앙의 관점에 입각하여 고대 철학자들의 사상을 상당히 수정했음 역시 사실이다. 그런 의미에서 정치에 대한 중세의 사유는 플라톤주의라는 고대 정치철학과 기독교 신학의 만남 속에서 형성되었다고 할 수 있다. 그리고 그것은 르네상스 시기까지도 유럽의 지배적인 정치사상의 지위를 차지하고 있었다.

플라톤의 정치철학

아마도 이러한 고대와 중세의 정치관을 가장 분명하게 보여 주는 철학자, 혹은 정치사상가는 플라톤일 것이다. 익히 알려진 바대로 플라톤은 여러 권의 중요한 철학책을 저술함으로써 서양철학의 역사적 기초를 놓은 인물로 평가된다. 자연의 질서와 운동의 원리를 밝히는 자연철학적 관심으로부터 벗어나 인간의 문제를 세계의 문제와 결부시켜 다루기 시작함으로써 플라톤은 비로소 서양에서 '철학'을 시작한 인물이 된 것이다. 그리고 바로 인간의 문제와 결부된 세계의 문제에서 빼놓을 수 없는 부분이 바로 정치이다.

그러나 플라톤이 정치의 문제를 중요하게 다루었다고 해도 그에게 정치 그 자체가 사유의 핵심적 대상이었다고 할 수는 없다. 그에게 정치학이란 자신이 전개한 철학의 원리 안에 존재하는 철학의 일부였다. 즉 플라톤은 정치학자가 아니라 철학자였던 것이다. 가령 그의 정치철학을 대표하는 저작인 『국가』의 경우가 이를 잘 보여 준다. 『국가』는 이상적인 정치체제를 다루는 책이지만, 정의롭고 합리적인 국가(polis) 구조와 정치제도 문제에 국한된 논의만을 전개하고 있는 것은 아니다. 이 책은 근본적으로 정의(올바름, dikaiosynē)란 무엇인가에 대한 문제를 다루고 있는 책이다. 이를 위해 플라톤은 그 유명한 '이데아'론을 본격적으로 전개하면서 초월적 이데아 세계의 질서가 가장 좋은 것이자 정의로운 것임을 논증하려고 시도하며 정의의 이데아를 현실에서 구현하는 것이 정치임을 역설하고 있다.

플라톤에게 정치란 언제나 초월적 세계에 존재하는 가장 좋은 질서의 본(이데아)을 파악하고 현실세계를 그 본에 따라 질서 짓는 문제였다. 철학자가 통치권력을 행사하는 정치체제를 의미하는 플라톤의 '철인정치' 명제는 바로 현실세계를 이데아적 질서의 틀에 맞추기 위해 제시된 이념이었으며, 그가 말하는 이상적인 정치체제는 현실 속에서 이데아를 구현하는 도구였던 것이다.

플라톤에게 있어서 정치란 근본적으로 공동체(polis)를 안정적으로 유지시키는 최선의 질서를 구현하는 문제였다. 그리고 현실세계의 공동체가 도달해야 하는 최선의 질서란 항상-이미 이데아 세계에 존재하는 공동체의 이상적 모델 안에 있는 것이었다. 플라톤이 『국가』에서 그려 내고 있는 공동체(polis)의 모습이 그러한 이상적 모델, 공동체의 이데아라고 할 수 있을 것이다. 최선, 완벽한 선을 의미하는 이데아는 또한 존재자의 '개념'이기도 하다. 가령 원은 '한 점으로부터 같은 거리에 있는 점들의 집합'으로 정의된다. 이것이 완벽한 원의 개념이다. 그러나 이러한 완벽한 원은 현실에서는 결코 존재할 수 없다. 아무리 정밀한 기계로 종이 위에 원을 그린다고 할지라도 그 원이 '한 점으로부터 같은 거리에 있는 점들의 집합'이 될 수는 없기 때문이다. 당장 점이라는 개념만 하더라도 그것은 현실세계에서는 물리적으로 존재할 수 없는 것이다. 점은 개념상 면적을 갖지 않아야 하는데 현실 속에서 그려진 점은 아무리 작더라도 면적을 가질 수밖에 없기 때문이다. 이렇듯 개념이란 오로지 '이성에 의해서만 알 수 있는 것'이지, 현실세계에서는 존재 불가능한 것이다. 모든 사물의 개념은 완벽하지만 그것이 현실 속에서 완전하게 구현될 수는 없다.

『국가』에서 플라톤이 시도한 작업은 가장 좋은 정체의 개념을 정의하려는 작업이었기에, 이는 곧 가장 좋은 정체의 이데아를 밝히려는 시도였다고 할 수 있다. 그는 이 작업을 정의(正義)의 개념을 규정하는 것을 통해 수행한다. 플라톤에게 정의란 무엇보다 공동체의 성원들이 각자의 자질에 따라서 자기 일에 종사하는 것이며, 각자의 활동이 조화롭게 이루어져 전체를 행복하게 만드는 질서를 의미한다.

내가 생각하기로는, 우리가 이 나라를 수립하기 시작할 당초부터 언제나 준수해야만 된다고 주장했던 바로 그게, 또는 그것의 일종이 '정의'일세. 자네도 기억하겠네만, 분명히 우리가 주장했고 또 여러 차례에 걸쳐 언급했던 것은, 각자는 자기 나라와 관련된 일들 중에서 자기의 성향이 천성으로 가장 적합한 그런 한 가지에 종사해야 된다는 것이었네. (플라톤, 『국가』, 4권 433a)

우리가 이 나라를 수립함에 있어서 유념하고 있는 것은 우리의 어느 한 집단이 특히 행복하게 되도록 하는 게 아니라, 시민 전체가 최대한으로 행복해지도록 하는 것입니다. 그건 우리가 그런 나라에서 정의를 가장 잘 찾아볼 수 있는 반면, 가장 나쁘게 경영되는 나라에서는 불의를 찾아볼 수 있을 것이며…… (『국가』, 4권 420b)

공동체의 구성원 각자가 타고난 자질에 따라서 자기 일에 전문적으로 종사하여 그 기능에서 최대한의 능력을 발휘하고, 그렇게 각자의 능력이 최대한 발휘될 수 있는 기능의 분담 체계가 전체 공동체의 행복으로 이어지는 상태를 플라톤은 정의로 파악하며, 정치란 바로 그와 같은 정의로운 상태를 구현하는 것이라고 그는 생각했다. 이러한 정의 개념은 당연히 질서의 관념과 연결된다. 그리고 플라톤이 말하는 질서란 각 기능들의 위계적 배분을 의미하는 것이다. 지혜라는 황금의 자질을 타고난 철학자들이 통치의 업무를 담당하고, 용기라는 은의 자질을 타고난 군인들은 전쟁을 수행하며, 절제라는 동의 자질을 타고난 자들은 상업에 종사하는 기능적 분배는 군인과 상인이 통치자에게 복종하는 위계적 질서를 의미하는 것이기도 했다. 현대 미국의 정치사상가 월린(Sheldon Wolin)에 따르면, 플라톤의 질서 개념은 "비천한 자가 고귀한 자에게 복종하는 것, 지혜가 적나라한 야심을 통치하고 지식이 욕망을 지배하는 것의 산물"이다(월린, 『정치와 비전』 1권, 84쪽).

정의란 곧 공동체의 조화로운 질서이며, 정치란 이 조화와 질서를 공동체에 부여하는 것이다. 그런 의미에서 정치는 하나의 기예(technē)이다. 조각가가 석고덩어리와 같은 재료(질료hylē)에 비례에 따른 아름다운 이미지(형상eidos)을 부여하는 예술에도 기예가 필요하듯 다양한 사람들로 이루어진 공동체라는 질료에 조화로운 질서라는 형상을 부여하는 정치에도 기예가 필요한 것이다.

이런 모든 [다른] 기예들을 통제하는 기예가 있네. 그것은 법률과 공동체의 삶에 속하는 모든 것에 관련되네. 그것은 완벽한 기교로써 모든 것을 하나의 통일된 구조로 엮어 내지. 그것은 보편적인 기예이고, 따라서 우리는 그것을 보편적인 범주의 이름으로 부른다네. '정치적 기예'라는 이름, 이 이름만이 이런 기예에 해당한다고, 오직 이 기예에만 속한다고 나는 믿네. (플라톤, 『정치가』, 305e. 『정치와 비전』 1권, 73쪽에서 재인용)

그러나 이 기예는 정치가 개인의 창의성에 따라 임의적으로 행사할 수 있는 성질의 것이 아니다. 정치가의 기예는 정의라는 절대적인 기준에 따라 정의의 이념을 공동체에 새겨 넣는 것이었고, 정치가는 그러한 역할을 수행할 매개자였던 것이다. 따라서 플라톤에게 정치란 이미 완벽한 것으로 존재하고 있는 이데아적 질서와 원리에 입각하여 현실의 공동체를 조지하고 운영하는 관리의 기예, 다시 말해 '통치술'이었다. 우주의 본질적 원리가 조화와 질서이기에, 정치도 이 본질적 원리에 따라서 이루어져야 하는 것이라는 말이다.

예술가, 이데아의 매개자

고대 그리스에서 '이데아'는 정치에서뿐만 아니라 예술에서도 추구
되었다. 조각가 폴리클레이토스는 인체의 비례에 대한 관심으로 『카
논』이라는 책을 내기도 했는데, 이러한 소위 '황금비율'의 추구는 이
데아에 대한 고대 그리스인들의 관념을 잘 보여 주는 예라고 하겠다.
그리스인들에게 조각이란 이미 질료(돌) 안에 내재되어 있는 이데아
를 구현하는 작업이었고, 예술가는 초월적 세계에 존재하는 미의 이
념과 원리를 구체적인 대상에 구현하는 중개자였다. 예술가의 기예
역시 개인의 창의성이 아니라 비례라는 절대적인 기준에 따라서 행
사되어야 했던 것이다. 작품은 폴리클레이토스의 「디스코포로스」.

칼리클레스여, 철학자들은 우리에게 교제와 우애, 그리고 질서 정연함, 절제 및 정의가 천상과 지상, 신과 인간을 하나로 결합하며, 그렇기 때문에 이 우주는 무질서나 잘못된 지배가 아니라 조화나 질서라고 불린다고 말하네. (플라톤, 『고르기아스』, 508. 『정치와 비전』 1권, 74쪽에서 재인용)

그리고 이 우주의 본질적 원리인 조화와 질서는 결코 변하지 않는 것, 영원한 동일성으로 규정되며 그래서 완전히 안정적이고 견고한 것이다. 정치가 추구해야 할 것 역시 생성과 변화가 아니라 바로 영원불변하는 동일성이요 안정성이다. 정치란 공동체에 이러한 항구적인 안정성을 부여하는 활동이다. 그래서 플라톤은 "나쁜 것들의 경우를 제외하고는 모든 것의 바뀜이 지극히 위태롭다"라고 말한다(플라톤, 『법률』, 7권 797d).

이상에서 볼 수 있듯이 플라톤의 정치철학은 영원불변한 것을 찾고 그것에 기초하여 정치 공동체를 현실적으로 구축하는 문제에 집중하였다. 변화하는 것, 그리하여 유동적이고 잠정적인 것은 위험한 것으로 간주되었고 정치 공동체에 합당한 자격을 갖지 못한 것으로 배척되어야 했다. 정치는 이렇게 국가(polis)를 위험에 빠뜨리는 것들, 자격 없는 것들을 배척하는 것이었으며 국가를 영원한 안정적 토대에 올려놓을 수 있는 조화로운 질서를 구축하는 자격 있는 자들의 행위였다. 물론 국가의 영원한 토대는 그가 이데아라고 부른 가장 좋은 것들의 이념이었으며, 이 이념을 구현할 자격을 갖춘 자들은 그가 최선자라고 부른 철학자들이었다. 플라톤의 이와 같은 생각은 정치철학의 역사에서 초월적 원리에 입각하여 정치를 파악하는 노선의 정초를 놓았다. 그리고 이 초월주의의 노선은 정치철학사의 지배적 경향으로 굳어져 갔다.

중세 기독교의 세계 이해와 중세 정치철학

초월주의 정치철학이 서양에서 본격적인 헤게모니를 행사하게 된 것은 중세에 들어서였다. 기독교가 정치권력을 비롯하여 이 시대의 사회문화 전반을 장악하게 되면서 세계에 대한 기독교적 이해 방식이 중세의 기본적인 세계관으로 자리 잡았다. 기독교에 따르면 이 세계는 신에 의해 창조되었으며 비록 악마의 유혹에 인간이 넘어감으로 말미암아 타락하게 되었으나 신의 아들, 즉 예수가 십자가에서 희생됨으로써 구원되었다고 믿는다. 그러나 신에 의한 최후의 심판이 아직 이루어지지 않은 상황에서는 여전히 악이 존재한다. 이 악은 예수의 재림과 더불어 시작될 마지막 심판에 의해서 완전히 제압될 것이라고 기독교인들은 믿었다.

어떤 면에서 보자면, 기독교인들이 세계를 이해하는 방식 자체가 정치적 표상과 밀접하게 관련되어 있었다. 이러한 정치적 표상은 기독교 초기 시대부터 등장한다. 초기의 기독교인들에게 신에 대한 대표적인 표상은 왕이었다. 가령 『요한계시록』에서 재림하는 예수는 세상의 모든 것을 심판하는 권한을 보유한 절대권력을 가진 '군주'로

묘사되고 있다. 또한 기독교인들은 자신들을 천국의 '시민'(politeias)으로 이해했다. 가령 바울은 기독교인들을 신의 나라의 시민권을 가지고 있는 존재로 묘사하고 있다.

그러므로 이제부터 여러분은 외국 사람이나 나그네가 아니요, 성도와 같은 시민(politeias)이자 하나님의 가족입니다. (『에베소서』, 2장 19절)

우리의 시민권(politeias)은 하늘에 있으니, 우리는 그곳으로부터 구주로 오실 주 예수 그리스도를 기다리고 있습니다. (『빌립보서』. 3장 20절)

기독교의 세계관은 중세 신학자들의 정치철학에도 커다란 영향을 미쳤다. 이들은 신이 최고의 이성적 존재로서 창조된 세계에 가장 조화로운 질서를 부여했다고 생각했다. 즉 세계는 우연의 산물이 아니라 이성적 존재가 부여한 질서와 원리에 의해서 유지되고 운영되는 곳이라는 것이다. 그렇기 때문에 인간의 이성이 해야 하는 일은 바로 이 세계 속에 깃든 신적 질서와 원리를 발견하는 것이 된다.

창조가 의미하는 바, 그리고 구원이 의미하는 바는 신에 의해 창조되고 구원된 세계 만물이 모두 신의 주권하에 놓여 있다는 것이다. 자연적 질서(ordo natura)만이 아니라 인간의 질서(ordo humana) 역시 신의 통치, 신의 질서(ordo divina)에 복속되어야 한다. 물론 정치권력이라고 해서 예외는 아니다. 아니 오히려 정치권력이야말로 이 세계에 신의 뜻이 이루어지도록 사용되어야 할 '신의 칼'이다. 이들은 정치란 신이 제정한 조화로운 질서에 따라 공동체를 조직하고 운영하는 것이어야 하며, 정치권력은 세계의 진정한 통치자인 신의 대리자로서 공동체를 다스려야 한다고 주장했다.

아우구스티누스와 두 국가

이러한 논리를 가장 분명하게 보여 주는 신학자는 아우구스티누스였다. 그는 성서에 흩어져 있는 기독교 신앙의 자료들을 체계적으로 정리하여 교리를 만들어 내기 시작한 대표적 인물 중 하나이다. 이때 아우구스티누스가 성서의 자료들을 체계적으로 정리하기 위하여 사용한 지적 도구가 바로 플라톤의 철학이었다는 것은 이미 언급하였다.

기본적으로 아우구스티누스는 이 세계에는 두 국가(civitas)가 있다고 생각했다. 하나는 눈에 보이는 지상의 국가(civitas terrena)이고, 다른 하나는 신이 다스리는 신의 국가(civitas dei)였다. 지상의 국가는 불완전하지만 신의 국가는 완전하며, 지상의 국가는 강제적 권력에 의해서 다스려지지만 신의 국가는 사랑으로 다스려진다.

두 국가는 두 가지 사랑에 의해 형성되어 왔다. 곧 지상의 국가는 심지어 신을 경멸할 정도에까지 이르기도 하는 자신에 대한 사랑에 의해, 신의 국가는 심지어 자신을 경멸할 정도에까지 이르기도 하는 신에 대한 사랑으로 형성되어 왔다. …… 전자의 국가에서는 그 도시에 굴복된 군주들과 백성들이 통치에 대한 사랑에 의해 지배되는 한편, 후자의 국가에서는 군주들과 신민들이, 신민들은 복종하는 한편 군주들은 모두를 배려하면서, 사랑 속에서 서로에게 봉사한다. (아우구스티누스, 『신국론』, 14권 28장. 월린, 『정치와 비전』 1권, 208쪽에서 재인용)

아우구스티누스에게 지상의 국가는 기본적으로 폭력의 계기를 내재하고 있을 수밖에 없다. 왜냐하면 예수의 초림과 재림 사이에 놓여 있는 현재의 시기는 아직 악의 세력이 완전히 정복되지 않은 시기이기 때문이다. 반면 신의 국가에는 폭력의 계기란 존재하지 않고 오직 사랑의 계기에 의해 운영된다. 정치적 관점에서 보자면 신의 국가는 모든 국가의 이상적 형태라고 할 수 있다. 가장 완전한 국가란 신이 다스리는 국가로서 신의 사랑에 의해서 지배되는 국가이다. 반면 지상의 국가는 유한한 인간들이 다스리는 국가이고, 신에 대한 사랑보다는 권력에 대한 사랑(욕망)이 지배적인 상태의 국가이다.

이런 견지에서 아우구스티누스는 신에 의지하지 않는 인간의 역량에 대해서도 회의를 표한다. 그는 『신국론』의 곳곳에서 인간이 자신의 역량(virtus)에 의지하고 그것을 자랑하는 것을 경계하고 있다. 진정한 덕성(virtus)은 오직 신으로부터 오는 것이지 인간 스스로부터 성취될 수 없다고 그는 말한다. 인간이 자신의 능력으로 영예를 추구하려 하는 것은 "독사와 같은 생각"에 불과하며 "덕성이 인간적 영광으로 귀속되는 곳에 진정한 덕성이란 있을 수 없다"는 것이다. 고대 그리스인들이나 로마인들과 같이 인간이 자신의 역량으로 정치적 업적을 쌓고 그것에서 영광을 구하는 일이란 지극히 위험한 일이다.

사랑으로 다스려지는 신국에의 열망

지상의 국가는 자신의 한계 내에서 최대한 신의 국가에 근접해 갈 때 의미를 가질 수 있다. 그런 의미에서 신의 국가가 이데아적인 것이라면, 지상의 국가는 그것의 모방물이다. 그렇다면 정치는 지상의 국가, 현실의 세계(모방물)를 신의 국가, 신의 질서(이데아)에 최대한 가깝게 만드는 활동이라고 할 수 있다.

그러나 아우구스티누스가 지상의 국가와 정치를 무가치한 것으로 본 것은 아니다. 비록 신의 국가처럼 완전한 정치체가 될 수는 없지만 지상의 세계에서 질서를 세우고 평화를 유지하는 역할을 하는 한에서 지상의 국가는 긍정할 만한 것이었다. 지상의 정치권력은 비기독교 세계의 위협에 대항하여 기독교인의 신앙과 생명을 수호하고 시민들을 기독교적 가치에 의해서 교육하도록 하며 범죄자를 처벌하는 역할을 잘 수행해 간다면 상당히 긍정적인 평가를 받을 수도 있는 것이다. 그러나 중요한 것은 지상의 국가가 아무리 훌륭한 덕목들을 구현한다고 할지라도 그것이 영원하지는 않다는 점이다. 이 세계의 현실적인 정치권력들은 언제나 잠정적인 것에 불과하며, 그래서 그것의 가치는 영원한 신의 국가에 비해 열등한 것일 수밖에 없다.

지상의 국가가 따라야 할 신적인 질서란 전체를 구성하는 각 부분이 각자의 역할을 맡아 기능하는 조화로운 체계를 말한다. 그리고 그 체계는 각 창조물(존재자)에 부과된 자질에 따라 위계화되어 있는 것이기도 하다. 플라톤이 말했듯이 국가가 구성되기 위해서는 다양한 기능이 필요하며, 국가가 제대로 운영·지속되려면 그 기능들이 서로 충돌하지 않고 잘 조화되는 것이 필수적이다. 아우구스티누스는 기능들의 조화란 신이 세계를 창조할 때 이 세계에 부여한 질서와 원리를 따름으로써 가능하다고 생각했다. 그에게 질서란 "평등하고 불평등한 사물들을 각각의 분수에 따라 할당하는 분배"인 것이다. 전체란 바로 이러한 구성물들의 관계망이고, 질서는 그 관계망 안에 배치된 각각의 창조물들이 자신의 고유한 기능을 실현했을 때 구현된다.

그리고 질서의 구현은 평화를 탄생시킨다. 완벽하고 총체적인 질서는 그것을 지탱하는 소규모 질서들의 집적물에 기초했다.

가정의 평화는 누가 명령하고 누가 복종할 것인지에 대해 함께 사는 자들이 이룬 질서 정연한 합의이다. 도시의 평화는 누가 명령하고 누가 복종할 것인지에 대해 그 시민들이 이룬 질서 정연한 합의이다. 신국의 평화는 신을 기쁘게 하고, 신 안에서 서로를 기쁘게 하는 교제 관계, 곧 질서와 조화로 긴밀히 결속된 교제 관계이다. 모든 창조물의 평화는 질서에 의해 부여된 평온이다. (『신국론』, 19권 13장. 『정치와 비전』 1권, 210쪽에서 재인용)

정치란 이렇게 신이 부여한 원리에 따라 국가의 질서를 조화롭게 만들어 가는 실천이다. 다시 말해 아우구스티누스에게도 정치란 신에 의해서 이미 만들어진 영원한 원리, 즉 조화로운 총체적 질서 체계를 현실세계 속에서 적용하는 것이었다. 정치란 초월적 질서와 원리를 현실에 구현하는 것이지, 인간이 그러한 질서를 창조하고 그 질서를 창조하기 위해 능동적으로 행동하는 과정은 아니었던 것이다.

토마스 아퀴나스: 신의 영원한 법의 지배

일반적으로 아퀴나스는 아리스토텔레스의 철학을 통해 자신의 신학적 체계를 구축한 중세의 대표적인 아리토텔레스주의자로 알려져 있다. 물론 이는 정당한 평가이다. 가령 신을 그 자신은 다른 것에 의해서 존재하지 않지만 그 외의 모든 것을 존재하게 하는 최초의 원인으로 이해하는 그의 신론이나, 인간의 이성을 이론적 이성과 실천적 이성으로 구분하여 이론적 학문과 실천적 학문을 구별하는 학문론 등은 그가 아리스토텔레스에게 크게 의지하고 있음을 보여 준다.

하지만 정치의 문제에 있어서 그는 아리스토텔레스를 상당히 수정하고 있다. 물론 아퀴나스는 정치적인 문제들을 사유하는 데 있어서 아리스토텔레스를 많이 참조한다. 가령 그가 국가의 목적을 인간적 삶을 보다 행복한 것으로 만드는 공동선을 위한 것이라고 말할 때, 분명 아리스토텔레스의 『정치학』을 염두에 두고 있음이 분명하다. 국가란 '단순한 삶'이 아니라 '행복한 삶'을 그 목적으로 한다는 것, 다시 말해 덕(aretē, virtus)의 증진이 국가의 목적이라는 것은 아리스토텔레스의 유명한 테제이며, 이는 아퀴나스의 『군주통치론』에서도 반복되고 있는 테제인 것이다.

그러나 아퀴나스는 아리스토텔레스와 달리 기독교인이었다. 그는 근본적으로 인간들이 살아가는 현실세계 너머에서 이 현실을 규정하는 근원적인 원리가 존재한다고 믿는 초월주의를 고수할 수밖에 없는 기독교인이었던 것이다. 아퀴나스의 이러한 초월주의는 아리스토텔레스와 달리 언제 어디서나 보편타당한 절대적 도덕법칙이 존재함을 강조하게 만들었다. 아리스토텔레스에게 도덕적 판단이란 결코 그 판단이 이루어지는 조건과 무관한 것이 아니었다.

가령 그가 최고의 덕목 가운데 하나로 여기는 중용(中庸)은 전쟁

아퀴나스, 아리스토텔레스의 중세적 변형

아퀴나스는 아리스토텔레스를 참조했지만, 정치사상에서만큼은 아리스토텔레스의 입장을 상당 부분 수정하였다. 플라톤의 입장은 중세 기독교의 관점과 공명하는 부분이 많았지만 아리스토텔레스의 이론은 기독교적 관점과는 배치되는 부분이 적지 않았기 때문이다. 아우구스티누스가 플라톤을 수용하는 만큼 아퀴나스는 아리스토텔레스를 철저하게 받아들이지 않았던 것이다. 아리스토텔레스의 정치학을 강조한 이들은 중세 이후 르네상스 시기의 인문주의자들이었다. 그림은 17세기 에스파냐의 화가 프란시스코 데 수르바란의 「토마스 아퀴나스와 그의 추종자들」.

과 같은 구체적인 상황과 관련되어 있다. 전쟁터에서 상대의 도발에 의해 이성을 잃고 자기 명예를 지키기 위해서 무모한 싸움을 하는 것은 만용이며, 제대로 싸워 보지도 않고 그저 살기 위해서 도망치기만 하는 것은 비겁함이다. 용기란 바로 만용과 비겁함 사이에 있는 중용의 덕이다. 용기라는 중용의 덕은 이렇게 구체적인 상황에서 도출되는 것이며, 이는 구체적인 상황에 따라서 어떤 행동이 중용에 부합하는 덕이 있는 행위인지 아닌지의 여부가 달라진다는 것을 의미한다.

그러나 아퀴나스는 이러한 구체적인 상황을 초월하여 언제나 정당한 덕(virtus)의 원칙이 존재한다고 생각했다. 그 이유는 바로 신이 이러한 도덕법칙을 입법하였기 때문이다. 최고의 입법자인 신이 정한 신법은 영원한 법이며 이 법은 언제 어디서나 지켜져야 하는 것이다. 그리고 신은 이러한 영원법을 인간의 본성에 새겨 넣었고 인간은 이성을 통하여 그 법을 알 수 있는 존재이다.

바로 그 영원한 신의 법(lex divina)으로부터 정치의 원리가 도출된다. 아퀴나스에게도 정치란 질서를 구축하는 문제였다. 그리고 그 질서란 물론 신이 제정한 우주적 질서였다. 철학적으로 이야기하자면 우주적 질서는 형이상학적 질서였으나 아퀴나스는 이 형이상학적 질서 속에서 또한 정치적 질서를 찾아낸다. "질서는 일차적으로 권력의 외연을 표시"하며, "권력은 엄격하게 말해 모종의 덕과 함께 적극적인 삼재력의 외연을 표시한다"라고 그는 말한다. 월린에 따르면 이 질서는 "신, 천사들, 교회, 인간, 자연 그리고 심지어 악마들도 일련의 통치되는 관계들에 연관되어 있었는데, 그 통치 관계들은 원대한 창조의 위계 내에서 각각의 독자적인 정체성을 명료"하게 하는 것이다 (『정치와 비전』 1권, 229쪽).

　창조의 위계 내에서 전체를 구성하는 상위의 창조물들이 하위의 창조물을 통치하는 체계가 존재의 질서이자 정치의 질서였고, 이 위계의 최상위에는 신이 자리 잡고 있다. 신이 최상위의 통치자이며 신이 정한 존재의 위계에 따라 이 통치 시스템은 작동한다. 모든 권력은 바로 최고위에 존재하는 신으로부터 나오게 되는 것이다. 아퀴나스의 이러한 사유를 잘 보여 주는 『신학대전』의 한 구절을 살펴보자.

　법은 말단에 행위를 지시하는 일종의 계획을 의미한다. 이제 서로에게 임명된 작동자가 있을 때면 언제나, 두번째 작동자는 첫번째 작동자에 의해 움직여지지 않으면 움직일 수 없기 때문에 두번째 작동자의 권력은 첫번째 작동자의 권력으로부터 도출되지 않을 수 없다. 그러므로 우리는 모든 통치하는 자들 속에서 동일한 것, 즉 정부의 계획은 이차적인 통치자들을 경유하여 우두머리 통치자로부터 도출된다는 점을 발견하게 된다. 따라서 국가에서 무엇이 행해져야 하는가에 대한 계획은 왕의 명령으로부터 그의 하급 행정관리들에게 전달된다. 마찬가지로 기예와 같은 분야에서도 무엇이 행해져야 하는가에 대한 계획은 우두머리 장인으로부터 하급 장인으로 전달된다. …… 그렇다면 영원한 법은 최고 통치자의 통치에 대한 계획이기 때문에, 통치에 대한 하급 통치자의 모든 계획은 영원한 법에서 도출되어야 한다. (『신학대전』 2부 1편, 문제93 항목3. 『정치와 비전』 1권, 229~230쪽에서 재인용)

각 창조물들의 차이는 이렇게 위계적으로 구조화되어 있다. 영원한 법, 즉 신의 통치가 최상위의 원리이자 최초의 작동자이고 신에 의해서 제2의 작동자에게 적합한 법이 도출되며, 제2의 작동자에 의해서 다시 제3의 작동자에게 적합한 법이 도출되는 구조인 것이다. 우리는 어렵지 않게 이러한 논리 전개에서 아리스토텔레스의 '움직이지 않는 시동자'의 개념을 발견한다. 그러나 아리스토텔레스에게서 이 '움직이지 않는 시동자'는 운동의 최초 원인일 뿐, 어떤 도덕적 명령을 내리는 근원적 존재는 아니었다. 하지만 아퀴나스에 의해서 '움직이지 않는 시동자'는 모든 법을 규정하는 최고의 권위를 가진 절대군주의 이미지를 획득하게 된다. 물론 이 제1의 작동자가 아퀴나스에게서 신이라는 것은 어렵지 않게 알 수 있다.

  아퀴나스의 법체계가 보여 주는 것은 상위의 존재가 하위의 존재에게 명령을 내리는 권력의 시스템이기도 하다. 월린의 말을 다시 빌리자면, "올바른 질서에 대한 모델은 각각의 통치 수장이 준수하기 위해 존재했고, 모든 통치자의 과제는, 플라톤적 통치자가 그의 공동체의 '질료'에 형상을 부여하라고 지시받은 것과 마찬가지로, 모범적인 본을 그의 신민들에게 각인시키는 것"이라고 할 수 있다(『정치와 비전』 1권, 230쪽).

  결국 아퀴나스에게서도 정치란 영원한 신의 법으로부터 도출되는 원리에 따라 이 세계에 위계화된 질서를 부여하는 것으로서, 그것 역시 초월적인 본질에 따라 현실적 공동체를 조직하고 관리하는 문제라고 할 수 있을 것이다.

신족과 거인족의 싸움

제우스와 그의 형제들에 의해서 올림푸스로부터 쫓겨난 그들의 아버지 크로노스도 사실은 자신의 아버지 우라노스의 성기를 절단하고 신들의 왕이 된 존재이다. 그런데 우라노스의 성기가 절단당할 때 흐른 피가 가이아(땅)에 떨어져 태어난 이들이 거인족(Gignates)이다. 가이아는 크로노스가 제우스에 의해 축출당한 이후 자신의 아들들인 거인족을 부추겨 올림포스의 신족에 대해 반란을 일으키게 되었다. 이때 벌어진 전쟁이 기간토마키아(Gigantomachia tis), 즉 '신족과 거인족의 싸움'이다. 플라톤의 후기 저작 『소피스테스』에는 존재란 무엇인가라는 문제를 둘러싼 철학적 논의들이 펼쳐진다. 엘레아에서 온 손님은 존재를 둘러싼 그리스인들의 논쟁에 대해서 이렇게 말한다. "실로 이들 사이에는 존재에 관한 서로간의 논란 때문에 이를테면 '신들과 거인족 간의 싸움'과 같은 것이 있는 듯하네"(『소피스테스』, 246a). 이는 존재론을 둘러싼 형이상학적 논쟁의 장에서뿐만 아니라 정치의 본질을 둘러싼 정치사상적 투쟁의 장에서도 벌어진 싸움이다.

정치철학에서 신족과 거인족의 투쟁

서양철학사에서 '존재란 무엇인가'라는 철학적 물음을 놓고 벌어진 논쟁의 역사는 플라톤이 말한 바대로 신족과 거인족의 투쟁에 비유될 수 있다(이정우, 『신족과 거인족의 투쟁』, 17쪽). 그리고 철학사에서 이 계보는 플라톤-칸트-헤겔로 이어지는 영원불변한 것을 추구하는 신족의 사유와, 니체-베르그손-들뢰즈-데리다로 이어지는 생성과 변화를 추구하는 거인족의 사유로 나누어 볼 수 있을 것이다. 우리는 정치철학의 역사에서도 이 두 종족이 투쟁해 왔다고 생각한다. 정치철학의 역사에서 신족들은 정치를 영원불변하는 초월적 이념과 도덕적 원리의 지배를 구현하기 위해 사유해 왔고, 거인족들은 변전유동하는 현실의 세계 속에서 정치적 실천의 논리를 구축하기 위해 사유해 왔다. 전자의 사유 노선을 초월주의 혹은 정치철학에서 초월성의 사유라고 부를 수 있다면, 후자의 사유 노선을 내재주의 혹은 정치철학에서 내재성의 사유라고 부를 수 있을 것이다.

그러나 이들은 서로와 무관하게 자신의 사유를 전개해 온 것이 아니라 서로를 격렬하게 비판하는 철학적 전투의 과정 속에서, 이론적 전쟁의 역사 속에서 자기들의 이론을 구성해 왔다. 플라톤에 의해 시작된 이 초월주의 노선은 이후로도 서양 정치철학사의 지배적 경향이 되었다. 더욱이 중세는 기독교의 서구 제패와 더불어 초월주의 노선이 아우구스티누스와 아퀴나스에 의해 확실한 패권을 획득하게 된 시기이기도 하다. 그러나 내재주의적 사유가 완전히 패배하여 사라진 것은 아니었다. 중세가 저물어 가고 근대의 여명이 밝아 오는 르네상스 시기에 서서히 내재주의적 사유의 반란이 시작되고 있었다.

마키아벨리의 사유는 바로 초월주의적 정치철학의 지배에 대한 내재주의 정치철학의 반란이라는 맥락에 속해 있다. 가령 북부 이탈리아의 인문주의자들은 교황과 신성로마제국 황제의 침공에 이론적으로 맞서며 민주주의적 정치철학을 구성하기 위해 고투하였다. 이들은 특히 아리스토텔레스와 키케로 등을 읽으며, 인간이 스스로 자기 삶을 보다 나은 것으로 만들기 위해서 자신의 덕(virtus)을 함양해 가는 자기 통치의 전통을 되살리며 이를 국가의 자기 통치에까지 확대해 갔다. 르네상스 인문주의자들은 초월주의적 정치철학으로부터 서서히 내재주의 정치철학으로 전환해 갔다. 그리고 마키아벨리는 바로 그러한 전환이 완전하게 이루어졌음을, 다시 말해 초월주의적 정치철학의 지배에 대항하는 가장 강력한 반란이 내재주의적 정치철학으로부터 시작되었음을 근대의 새벽에 보여 주었던 것이다. 격렬한 반대와 비난을 동반하면서.

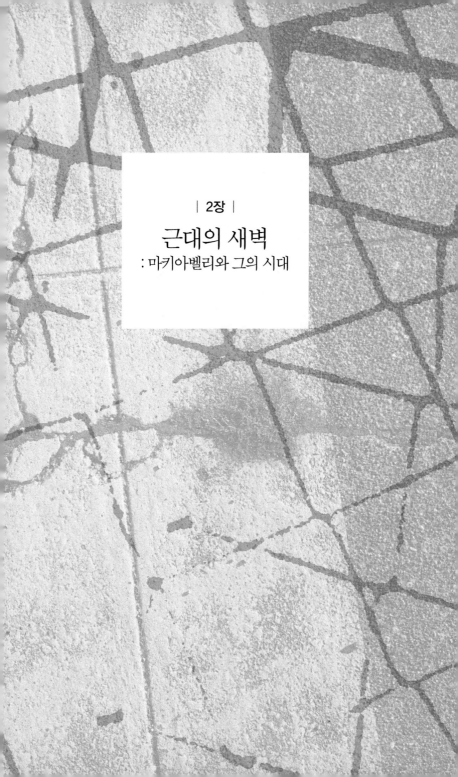

| 2장 |

근대의 새벽

: 마키아벨리와 그의 시대

1 _ 르네상스맨, 마키아벨리

르네상스의 수도, 피렌체

마키아벨리는 1469년에 태어나서 1527년에 죽었다. 그리고 그는 피
렌체 사람이었다. 그의 생몰연도와 그가 살았던 도시에 관한 정보는
우리에게 무엇을 알려 주는가? 그것은 무엇보다 마키아벨리가 '르네
상스'를 살다 간 인물이었다는 사실이다.

　신을 중심으로 편제된 중세의 질서로부터 그리스·로마의 고전적
사상과 예술을 재발견하고 인간의 가치를 다시금 강조하게 된 이 '문
예부흥' 시기의 중심은 단연 레그눔 이탈리쿰(Regnum Italicum), 즉
북부 이탈리아 지역이었다. 그 가운데서도 피렌체는 의문의 여지가
없는 '르네상스의 수도'였다고 할 수 있다. 르네상스에 대해 많은 책
을 쓴 일본의 작가 시오노 나나미는 이 시기 피렌체 공방거리의 모습
을 다음과 같이 묘사한다.

　브루넬레스키가 죽은 것은 마키아벨리가 태어나기 23년 전이다. 장수

한 도나텔로도 3년 전에 세상을 떠났다. 그러나 그들은 산의 정상과 같은 존재들이었다. 그 기슭은 넓고도 풍요로웠다. 정상이 사라지면 다른 정상이 솟아오른다. 보티첼리, 레오나르도가 있는 베로키오 공방, 이와 라이벌 관계에 있는 폴라이우올로 공방이 피렌체내기의 주목을 끄는가 하면, 얼마 안 있어서 기를란다요 공방에서는 강한 기질로도 피렌체 예술가들의 전통에 충실한 젊은 미켈란젤로의 배우고 일하는 모습을 볼 수 있었던 것이다. (시오노 나나미, 『나의 친구 마키아벨리』, 55쪽)

이것이 피렌체이다! 그리고 마키아벨리는 레오나르도 다빈치와 미켈란젤로와 동시대 인물이었다. 그러나 피렌체가 천재적 예술가들 때문에만 유명한 것은 아니었다. 단테가 이 도시 출신이었으며 콜루초 살루타티, 피코 델라 미란돌라, 자노초 마네티, 레오나르도 브루니, 바티스타 알베르티 등 르네상스 인문주의를 주도했던 석학들이 모두 이 도시 출신이었다.

　문학과 예술, 그리고 철학과 정치사상에서도 피렌체는 르네상스를 대표하는 도시였다. 그래서였는지 이 도시 사람들은 자부심이 대단하였고 자신감으로 넘쳐났다. "고귀한 천품을 타고난 재사들이 지난 천 년 동안 세상이 목격한 것보다도 더 많이 배출되어 이미 기쁨을 맛보고 있는, 희망과 약속으로 가득 찬 이 새로운 시대에 태어나도록 허락받았음을 생각이 있는 사람이라면 모두가 신에게 감사드려야 한다"(스키너, 『근대 정치사상의 토대』 1권, 201쪽에서 재인용)라는 마테오 팔미에리의 글은 피렌체 지성인들의 이러한 정서를 잘 보여 준다.

르네상스에 이르러 유럽의 인간들은 드디어 자신들이 가진 역량이 얼마나 놀라운 것인지를 발견하고 그것에 매혹되어 인간성을 강하게 긍정하는 시기에 접어든 것이었다.

르네상스 이탈리아와 근대적 정치철학의 여명

피렌체인들의 이와 같은 자신감은 그들의 정치체제에 대한 자긍심으로부터 비롯된 것이기도 하다. 주지하다시피 중세와 르네상스 시기 유럽의 도시(civitates)는 자유의 공간이었다. "도시의 공기는 사람을 자유롭게 만든다"라는 그 유명한 격언이 보여 주는 바와 같이 도시는 중세의 신분질서와 봉건체제로부터 자유로운 공화주의적 원리에 의해 운영되고 있었다. 특히 북부 이탈리아는 이러한 자유도시들의 지대였다. 이탈리아 북부 도시들은 자유(libertas)를 기반으로 한 자신들의 독립적인 도시공동체를 코무네(commune)라고 불렀다. 11세기 피사에서부터 시작되어 12세기 말엽에는 북부 이탈리아 도시들의 보편적 정치질서가 된 포데스타(podesta) 제도는 이를 잘 보여 주었다. 당시 봉건질서하에 있던 장원들이 세습 영주들의 전제적 통치하에 지배되고 있던 데 반해, 북부 이탈리아는 1년에 한 번씩 시민들에 의해 선출되는 행정부 수장인 포데스타에 의해 통치되고 있었다. 이러한 경향으로 인해 "도시를 통해 발전된 정치생활의 형태가 세습 군주제를 가장 건전한 정부 형태로 간주하던 당시의 지배적 사고방식과 전면으로 상치했다"(『근대 정치사상의 토대』 1권, 79쪽).

피렌체 역시 기본적으로 포데스타를 중심으로 한 공화정을 자신의 정체로 삼고 있었다. 그러나 이 자유의 정체가 항상 안정적으로 유지되었던 것이 아니라는 사실 역시 중요하다. 12세기 중엽 신성로마제국의 황제 프리드리히 바르바로사는 레그눔 이탈리쿰을 자신의 관할에 두기 위한 침공을 시도하였고, 이러한 침공은 13세기의 프리드리히 2세에 의해서, 14세기 초에는 룩셈부르크의 하인리히에 의해서 계속되었다. 이들 신성로마제국의 황제들은 침공 초기에는 상당히 많은 지역을 복속시켰으나 자신들의 자유를 수호하기 위한 북부 이탈리아 도시들의 저항으로 인해 결국 물러날 수밖에 없었다. 14세기 중엽에 이르면 더 이상 황제의 무력으로는 이 지역을 장악할 수 없으리라는 사실이 분명해졌다. 북부 이탈리아 도시는 황제 권력과의 투쟁을 통해서 자유를 쟁취했던 것이다.

도시의 자유를 위협하는 세력이 신성로마제국의 황제만 있었던 것은 아니었다. 또 다른 위협은 교황으로부터 다가왔다. 교황 알렉산데르 4세는 1259년 롬바르디아 도시들을 자신의 통제하에 넣었고, 클레멘스 4세, 그레고리오 10세, 마르티노 4세, 니콜라오 4세 등은 13세기 내내 로마냐 지역과 토스카나 지역에 대한 영향력을 넓혀 왔다. "그 결과, 13세기 말에 이르러 교황청은 레그눔 이탈리쿰의 주요 도시들에 대한 상당한 정도의 영향력에 아울러 중부 이탈리아의 많은 지역에서 직접적인 통제권을 확보하는 데에 성공했다"(『근대 정치사상의 토대』 1권, 107쪽). 물론 레그눔 이탈리쿰의 도시들은 이를 그저 용납하고만 있지 않았다. 파도바, 오르비에토, 피렌체 능에서는 반교

정치사상가 단테?

르네상스 시기 피렌체는 말 그대로 천재들의 도시였다. 브루넬레스키, 도나텔로, 미켈란젤로, 레오나르도 다빈치 등과 같은 예술가들은 말할 것도 없고 피코 델라 밀란돌라, 레오나르도 브루니, 로렌초 발라, 마테오 팔미에리 등 르네상스 인문주의를 이끌었던 무수한 석학들이 이 도시 출신이다. 그 가운데서 『신곡』의 저자 단테 알리기에리는 결코 빼놓을 수 없는 인물이다. 그는 『신곡』을 쓴 문학가일 뿐만 아니라 『제왕론』을 통해 교황 권력에 대항하여 세속 권력을 옹호한 정치사상가이기도 하다. 르네상스기 피렌체의 세속주의적 정치사상이 형성되는 데 그의 영향력은 결코 무시할 수 없을 것이다.

황청 봉기나 무장투쟁이 빈발하였고 교황 세력과 일진일퇴를 거듭하다 14세기에 이르러 공화정을 안정화시키게 된다.

도시의 자유를 위한 반(反)황제, 반교황 투쟁에서 "토스카나의 자유를 위한 수호자 역"을 자임했던 피렌체는 언제나 선봉에 섰고, 그들은 무장투쟁뿐 아니라 이념적으로도 황제와 교황에 대항하여 자신들의 독립과 자유를 위한 무기들을 고안했다. 15세기 초 피렌체의 인문주의자들 역시 이에 걸맞게 자유를 중심으로 하는 정치이론을 구축해 갔는데, 단테는 그 대표적 인물이다.

그러나 피렌체를 비롯한 북부 이탈리아 도시들이 항상 자유의 원리에 의해서만 유지되던 이상 국가(utopia)는 아니었다. 이들 도시 내부에도 기득권층과 인민 사이에는 갈등이 있었고, 친교황파(Guelfs)와 친황제파(Ghibellines), 그리고 귀족정적 공화주의자들(Neri, 흑당)과 민주정적 공화주의들(Bianchi, 백당) 사이의 갈등 역시 늘상 존재했다. 특히 백당과 흑당 사이의 대립은 매우 심각했는데, 이는 시간이 지나면서 북부 이탈리아 도시들의 자유와 번영을 위협하는 요소가 되었다.

당시 급속도로 발전하기 시작한 상업을 통해 막대한 이윤을 창출하던 귀족들은 자기 도시의 정치권력까지 장악하고자 하였고 이들의 시도가 성공한 사례도 적지 않았다. 그러나 귀족에 대항한 민중들의 반격 역시 만만치 않았다. 흑당과 백당의 대립은 어느 쪽이 정권을 잡더라도 지속되었으며, 도시 내부에서는 폭력을 수반하며 이 갈등이 폭발하는 경우가 빈번하였다. 그리고 이러한 갈등이 집약석으로 드러난 대표적 장소 가운데 한 곳 역시 피렌체였다. 요컨대 피렌체를 비롯한 레그눔 이탈리쿰 도시들의 자유는 결코 평온한 목가적 풍경 속에서 평탄하게 지속되었던 것이 아니었고 내외적 갈등 속에서 피를 뿜는 투쟁을 수반하며 강화되거나 쇠퇴하는 부침의 과정 속에 있던 것이다. 그러나 피렌체인들은 자신들의 자유가 이러한 피 흘리는 투쟁을 통해서 유지되어 온 것에 더욱 큰 자부심을 느꼈다. 피렌체에서는 "인민 그리고 인민의 자유가 모든 것을 지배"하며, 피렌체만큼 "자유가 잘 유지되는 곳은 어디에도 없다"는 레오나르도 브루니의 『피렌체 찬가』의 한 구절은 이를 잘 보여 준다.

코무네의 자유를 지키기 위한 이러한 대외적·대내적 투쟁의 과정을 거치면서 레그눔 이탈리쿰의 공화주의자들은 근대적 권리 개념과 정치적 자유 개념의 초석을 놓았다. 황제와 투쟁을 통해서는 자치와 자율의 사상을, 교황과의 투쟁을 통해서는 신이 아니라 세속적 기초로부터 정치의 원리를 구성하기 시작했으며, 도시 내부의 격렬한 대립 와중에서는 정치공동체를 구성하는 모두의 공동 이익을 구축하기 위해 공동체 성원들의 정치 참여를 강조하는 사상이 형성되었다. 이렇게 르네상스와 더불어 근대적 정치철학의 여명이 밝아 오기 시작했다.

2_비운의 정치가, 마키아벨리

피렌체 정부의 유능한 관료

이것이 마키아벨리가 태어나서 활동하던 시대의 모습이다. 그는 중세 질서가 쇠퇴하고 새로운 질서가 태동하던 시기, 다시 말해 근대성의 새벽이 밝아 오던 시대의 인물이었다. 그러나 마키아벨리는 동시에 이탈리아 르네상스의 활력이 정점을 지나 쇠퇴하던 시절의 인물이기도 하였다. 앞에서 지적한 바와 같이 이탈리아 북부 자유도시들은 오랫동안 내외적인 투쟁과 갈등의 시간을 보내 왔기에 상당히 지쳐 있었다. 그들은 자신들의 번영과 자유에 안주하고자 하였던 것이다. 피렌체라고 해서 다른 길을 걸었던 것은 아니었다.

정치적으로나 문화적으로나 피렌체의 전성기는 코시모 데 메디치와 그의 손자 로렌초 데 메디치가 권력을 잡았던 1434년부터 1492년까지였다. 이때 피렌체는 실질적으로 레그눔 이탈리쿰의 중심 도시가 되어 르네상스의 정치·경제·문화를 주도해 나갔다. 그러나 '위대한 자'라는 뜻의 '일 마그니피코'(Il Magnifico) 로렌초 데 메디치 사

피렌체의 승리, 메디치 가문의 승리!

13세기경 코시모 데 메디치가 피렌체의 헤게모니를 장악하던 시기, 피렌체는 이탈리아의 상업 패권을 두고 시에나와 전쟁을 벌이게 된다. 1432년 이 전쟁에서 메디치의 피렌체는 산로마노 전투를 대승으로 이끌며 최종 승리자가 된다. 코시모 데 메디치는 이를 기념하기 위해 파블로 우첼로에게 의뢰하여 이 전쟁과 관련된 세 편의 연작을 그리게 하는데, 그중 하나가 바로 이 그림이다. 이 그림이 보여 주듯이 당시 이탈리아의 전쟁은 기병을 중심으로 수행되었다.

후 피렌체의 영화는 급격히 사그러들기 시작한다. 특히 1494년 프랑스의 왕 샤를 8세의 이탈리아 침공은 모든 것을 바꾸어 놓았다. 이탈리아의 많은 도시들과 나라들은 프랑스의 군사력 앞에 무참하게 굴복하고 그 영향권 아래 놓이게 된다. 그리고 피렌체는 프랑스의 영향력 아래 '청교도적' 수도사 사보나롤라(Girolamo Savonarola)의 지배 아래 잠시 놓이게 되지만 그는 오래지 않아 실각하게 되고, 다시금 공화정이 수립된다. 그러나 그 공화정은 더 이상 르네상스를 주도하던 활력 있는 공화정은 아니었다.

마키아벨리는 이러한 시기에 그의 공직 경력을 시작한다. 마키아벨리는 1498년 피렌체 공화국의 제2서기국의 국장으로 임명되어 관직 생활을 시작하였다. 이후 14년간 제2서기국장으로 있으면서 그가 주로 맡았던 임무는 외교와 군사에 관련된 일이었다. 이 기간에 마키아벨리는 외교적 문제 때문에 다른 나라로 파견을 나가는 일이 많았는데, 이때 그는 당대의 유명한 정치가들을 가까이에서 만나고 관찰할 수 있는 귀중한 경험을 하게 된다.

마키아벨리는 자신의 일을 무척이나 좋아했고 또 그의 분야에서 꽤나 유능했던 것으로 보인다. 그는 제2서기국장으로 임명되고 한 달도 채 지나지 않아 전쟁 문제를 다루는 '10인위원회'의 일원으로 임명된다. 더불어 유사한 시기에 대통령 비서관의 업무 역시 겸하게 된다. 이렇게 그에게 여러 가지 책무가 주어졌다는 사실은 그가 역량 있는 공무원이었음을 보여 주는 간접증거일 것이다. 그의 직급이 높지는 않았지만 하는 일은 국가의 핵심 정책에 관련된 주요 정보들을 취

피렌체의 헤게몬, 로렌초 데 메디치

메디치가는 피렌체를 르네상스의 수도로 만든 가문이다. 그 가운데서도 마키아벨리가 "그는 운명으로부터, 그리고 신으로부터 최대한의 사랑을 받은 사람이다"라고 평가한 로렌초 데 메디치 가문의 수장이던 시기 피렌체는 정치적으로나 경제적으로도 북부 이탈리아에서 가장 영향력 있는 도시국가였다. 또한 메디치가는 피렌체 예술가들의 든든한 패트런(후견인)을 자임하며 예술을 장려하였다. 왼쪽은 "일 마그니피코"(위대한 자)라 불린 로렌초 데 메디치의 조각상, 오른쪽은 아직도 남아 있는 메디치 가문의 궁전, 팔라초 메디치이다.

합하고 분석하는 중요 임무였다고 시오노 나나미는 추측한다.

> 말하자면 정치, 경제, 군사, 외교에 관한 모든 것이 마키아벨리에게 들
> 어와 마키아벨리에게서 나가는 거나 같았다. 그가 갖고 있지 않은 것
> 은 국가를 대표할 관직과 정책 결정의 권리뿐이었다. (『나의 친구 마키
> 아벨리』, 204쪽)

그리고 이 업무는 그의 적성과 관심사에도 정확하게 부합하는 일
이었다. 1512년 메디치가의 복귀에 의해 관직에서 추방된 이후에도
마키아벨리는 다시금 피렌체의 정부에서 자신이 하던 일을 재개할
수 있기를 간절히 염원했다. 오죽하면 『군주론』을 자신이 일하던 공
화주의 정부를 전복하고 피렌체에 군주정을 세운 메디치 가문의 새
로운 수장, 로렌초 데 메디치에게 헌정하였겠는가. 그는 그만큼 자신
의 업무로 돌아가고 싶어 했던 것이다.

> 니콜로 마키아벨리가 평생을 통해 가졌던 관심은 그 자신의 말을 빌리
> 면 '국정의 기술'이었다. 그런 그에게는 피렌체 공화국 서기관의 직책
> 만큼 재미있는 처지도 없었을 것이다. 그런 종류의 호기심을 자극하는
> 것은 최신 정보에 접하는 것 이상 없기 때문이다. (『나의 친구 마키아벨
> 리』, 204쪽)

그러나 마키아벨리는 1512년 그토록 좋아했던 업무로부터 추방

된다. 그리고 자신의 자리로 돌아가고자 여러모로 노력했지만 그는 끝끝내 피렌체 정부에 있는 자신의 책상으로 돌아가지 못했다. 이 시기 그의 삶은 어떤 모습이었을까?

산탄드레아의 밤

메디치 가문이 권좌에 복귀하면서 마키아벨리는 피렌체 정부에서 추방되었다. 그리고 피렌체 시에서도 떠나야 했다. 그는 피렌체 근교의 산간 지방인 산탄드레아에 기거하게 된다. 이곳에서 마키아벨리는 자기 인생의 나머지 시간들을 보냈다. 그곳에서의 나날들은 그가 한 친구에게 보낸 편지에서 드러나듯 자신의 얄궂은 운명을 한탄하는 시간이기도 했다. 낮에는 산림 벌목을 감독하는 일을 하고, 밤이 되면 마을 선술집에 들러 푸줏간 주인, 밀가루 장수, 벽돌공 등과 어울려 밤이 늦도록 카드와 주사위 게임을 하며 "불한당이 되어" 시간을 보냈다. 그렇게 시간을 보내는 동안 그 술집에서는 "무수한 다툼이 벌어지고, 욕설과 폭언이 터져 나오고, 생각할 수 있는 별별 짓궂은 짓"들이 벌어졌다. 마키아벨리는 이 흥청거림에 자신을 내맡겼다. "거의 매번 돈을 걸기 때문에 우리가 질러대는 야만스러운 목소리가 산카시아노 마을에까지 들릴 정도"로 게걸스럽게 놀아 댔다.

　르네상스 이탈리아의 핵심 도시, 피렌체 정부의 제2서기국장으로 국제정치 무대와 군사전략 분야에서 활약하던 이 명민한 관료는 이렇게 관직으로 돌아가지 못하는 자신의 신세를 비관하며 세월을

탕진하는 것처럼 보였다. 왜 그랬을까? 마키아벨리는 친구인 프란체스코 베트리에게 보낸 편지에 다음과 같이 속내를 털어놓는다.

이렇게 해서 나는 나의 뇌에 눌어붙은 곰팡이를 긁어내고, 나를 향한 운명의 장난에 분노를 터뜨리는 것일세. 이처럼 내 자신을 짓밟는 것은, 운명의 신이 나를 괴롭히는 것을 아직도 부끄러워하지 않고 있는지 시험하기 위해서라네. (『나의 친구 마키아벨리』, 33쪽에서 재인용)

이것이 마키아벨리가 자기 처지에 대해서 가지고 있는 솔직한 심경이었다. 자신을 망가뜨림으로써 자신을 배신한 운명(fortuna)의 여신에게 처절하게 항의하는 것만이 그가 할 수 있는 유일한 저항이라고 믿었기 때문일까? 그렇게, 잘나가던 시절을 추억하며 마을 선술집 귀퉁이에서 술과 노름에 흠뻑 취해 그저 불한당으로 일생을 마감하기로 결심했던 것일까? 그러나 밤이 늦어 집으로 돌아간 이후의 마키아벨리는 전혀 다른 사람이 되었다.

밤이 되면 집에 돌아가서 서재에 들어가는데, 들어가기 전에 흙 같은 것으로 더러워진 평상복을 벗고 관복으로 갈아입네. 예절을 갖춘 복장으로 몸을 정제한 다음, 옛사람들이 있는 옛 궁정에 입궐하지. 그곳에서 나는 그들의 친절한 영접을 받고, 그 음식물, 나만을 위한, 그것을 위해서 나의 삶을 점지받은 음식물을 먹는다네. 그곳에서 나는 부끄럼 없이 그들과 이야기를 나누고, 그들의 행위에 대한 이유를 물어보곤

하지. 그들도 인간다움을 그대로 드러내고 대답해 준다네. 그렇게 보내는 네 시간 동안 나는 전혀 지루함을 느끼지 않네. 모든 고뇌를 잊고, 가난도 두렵지 않게 되고, 죽음에 대한 공포도 느끼지 않게 되고 말일세. 그들의 세계에 전신전령으로 들어가 있기 때문이지. (『나의 친구 마키아벨리』, 33~34쪽에서 재인용)

산탄드레아의 늦은 밤, 마키아벨리는 고대의 위대한 정치가들과 사상가들의 환대를 받으며 그들과 대화하는 시간을 가졌다. 그 시간은 그 어떤 음식보다 향기롭고 달콤한 음식물들이 가득한 지적 만찬의 시간, 자신이 그 음식을 먹기 위해 태어났다고 느껴지는 지성의 진수성찬을 즐기는 시간이었다.

마키아벨리의 이 시기를 『라인신문』의 편집장 직을 자의 반 타의 반으로 물러난 직후 자신의 상황을 기술했던 맑스의 문장을 빌려 표현하자면, "공적인 무대에서 서재로 되돌아"와서 이제 "사실에 대한 정통한 지식"(맑스, 『정치경제학 비판을 위하여』, 6쪽)을 얻기 위해 본격적인 연구 작업에 집중한 시기라고 할 수 있다. 피렌체로부터 남쪽으로 12킬로미터가량 떨어진 산탄드레아 농장의 책상에서 마키아벨리의 걸작 『군주론』은 이렇게 탄생하게 된 것이다.

3 _ 군주론의 탄생

마키아벨리의 시대, 마키아벨리의 물음

이미 강조했듯이 마키아벨리는 고대와 중세의 정치사상과 중요한 단절을 수행하고 정치에 대하여 그전과는 전혀 다른 사유를 개시한 기념비적 인물이다. 마키아벨리의 정치철학에는 그의 르네상스적인 천재성이 배어 있다. 그러나 모든 사상과 이론은 그것이 형성되는 역사적 조건으로부터 자유로울 수 없다. 더욱이 그 사상이 정치적 문제들과 직접 결부된 것이라면 당연히 그 시대의 정치적 조건과의 연관 속에서 그 사상을 검토해야 할 것이다. 마키아벨리는 어떤 정치적·역사적 조건 속에서 정치에 대한 새로운 사유를 구축해 갔던 것일까?

『군주론』의 한 구절은 이 물음에 답변하기 위한 실마리를 우리에게 제공해 준다.

이탈리아인들은 이스라엘인들보다 더 예속되어 있고, 페르시아인들보다 더 억압받고 있으며, 아테네인들보다 더 지리멸렬해 있는 데다가 인정받는 지도자도 없고, 질서나 안정도 없으며, 짓밟히고, 약탈당하고, 갈기갈기 찢기고, 유린당하여, 한마디로 황폐한 상황에 있습니다. (『군주론』, 26장)

이것이 그의 '정세 인식'이었다. 마키아벨리가 살았던 15세기는 유럽의 역사에서 절대왕정의 성립기로 기억된다. 정치권력이 영주들에게 분산되어 있던 봉건적 정치질서가 끝나고 강력한 왕권을 중심으로 각 민족들이 중앙집권적 국가를 형성하던 시기였던 것이다. 이시기에 성립된 탈봉건적 군주국가들의 정치체제를 일반적으로 절대왕정이라고 한다. 절대왕정의 핵심적 특징은 우선 군주가 주권의 담지자라는 데 있다. 주권이란 대내적 최고성과 대외적 유일배타성을 특징으로 하는 국가 최고의 권력으로서 주권자는 국가의 중대 사안을 결정하는 최종적 심급이 된다. 절대왕정은 주권자의 자리를 세습군주가 차지하고 있는 정치체제이다. 주권자로서 군주는 모든 정치권력을 자신에게로 집중하였고 권력 집중의 양상은 무엇보다 물리적 강제력의 독점이라는 형태로 나타났다. 이는 일국의 군사력이 단일한 지휘 계통 아래 복속되고 전쟁을 위해 국가의 자원을 일사분란하게 동원할 수 있는 체계를 수립하게 되는 결과를 낳는다. 절대왕정은 또한 당시 진행된 신대륙의 발견과 더불어 상품 유통이 지방적 차원을 넘어 국제적으로 활성화됨에 따라 이를 관리하고 장려하는 역할을 감당하게 됨으로써 당시 세계경제의 중심적 지위를 차지하게 된다. 이러한 군사력의 효율적 집중과 국제무역의 관리자로서의 지위를 통해 부를 축적하게 된 절대왕정 국가들은 당대 유럽에서 패권을 놓고 서로 다투게 되는데 이 다툼은 당연히 정복전쟁으로 이어진다.

하지만 이탈리아는 여전히 여러 도시국가와 공국들로 나뉘어 있는 상황에 처해 있었기 때문에 중앙집권을 달성한 절대왕정 국가들과 동등하게 유럽의 패권을 다툴 수 있는 처지가 아니었다. 그 결과 이탈리아는 절대왕정 국가들이 패권을 놓고 다투는 각축장으로 전락하였다. 당시 이탈리아는 교회(로마), 나폴리, 베네치아, 밀라노, 피렌체 등 5대 도시국가가 서로 경쟁하는 상태에 있었고, 이 과정에서 도시국가들은 종종 자신의 이익을 위하여 외세를 끌어들이곤 하였다. 그렇게 이탈리아 반도는 유럽의 절대왕정 국가의 침략에 무방비로 노출되어 있었던 것이다.

특히 교회는 유럽 내에서 자신들의 종교적 영향력을 이용하여 이탈리아 반도 내부의 권력 투쟁에 이민족 군대를 자주 불러들였다.

교회는 이탈리아를 장악할 만큼 강력하지도 못했고 다른 세력이 장악하는 것을 용납할 만큼 허약하지도 않았기 때문에 교회야말로 이 나라가 하나의 우두머리 밑에 통합될 수 없게 만든 장본인이다. (마키아벨리, 『로마사논고』, 1권 12장)

마키아벨리는 이탈리아가 통일되지 못하고 이민족의 침입과 약탈에 의해 고통당하게 된 가장 중요한 원인을 교황 권력, 즉 로마 교회에서 찾고 있는 것이다. 교회는 자신만의 능력으로는 도저히 감당

르네상스 시대의 이탈리아 반도

마키아벨리 시대의 이탈리아 지도. 마키아벨리의 고향인 피렌체 공화국을 비롯하여, 남부의 나폴리 공국, 로마냐 지방의 교황령, 이탈리아 북부의 밀라노 공국, 아드리아 해 너머까지 포함하는 바다 도시 베네치아 공화국이 이탈리아의 패권을 두고 다투던 시대였다.

할 수 없는 경쟁 세력이 나타나면 외세를 불러들여 자기의 적을 억눌렀고, 그렇게 이탈리아에 들어온 외세는 이탈리아를 약탈하고 착취하였다. 그 결과 이탈리아는 다른 절대왕정 국가들처럼 통일된 민족국가를 형성할 수 없었던 것이다. 앞에서 인용한 문장에 이어서 마키아벨리는 다음과 같이 쓰고 있다.

> 그리하여 이탈리아는 많은 군주와 영주들의 지배하에 놓이게 되었는데, 이러한 상황은 이탈리아의 내분과 약화를 초래함으로써 강력한 야만인들뿐만 아니라 이탈리아에 쳐들어오는 자는 누구나 손쉽게 이탈리아를 약탈할 수 있게 되었다. (『로마사논고』, 1권 12장)

이러한 상황을 극복하는 것이 마키아벨리의 핵심적인 문제 설정이었다. 사분오열된 채 이민족의 침탈에 고통당하고 있는 이탈리아의 해방은 어떻게 가능한 것일까? 이 해방을 위해 필요한 이탈리아 반도의 통일은 어떤 조건하에서 이루어질 수 있는가? 이것이 마키아벨리의 물음이었고, 그가 끊임없이 붙잡고 고투해야 했던 문제였다. 이것이 그가 피렌체 정부로부터 추방되어 한적한 시골 농장에 머물면서도, 그래서 자신의 열정을 다 바쳤던 일을 할 수 없게 된 상황에 대한 비통함으로 인해 동네 일꾼들이나 한량들과 더불어 도박이나 하고 시답잖은 농지거리나 주고받는 저녁 시간을 보내면서도, 집으로 돌아온 이후에는 피렌체 관료들이 입던 옷을 입고 서재에 들어가 고전을 밤새워 읽었던 이유이다.

군주론이 탄생하다

그런 무수한 밤을 보낸 끝에 마키아벨리는 자신이 던진 질문에 대한 답을 얻는다. 마키아벨리는 이렇게 쓰고 있다.

> 지금 신에게 외세의 잔혹하고 오만한 지배로부터 자신을 구원해 줄 수 있는 누군가를 보내 달라고 이탈리아가 얼마나 간절히 기도하고 있는가를 살펴보십시오. 또한 깃발을 드는 자가 나타나기만 한다면, 이탈리아가 얼마나 기꺼이 그 뒤를 따라나설 만반의 준비가 되어 있는가를 살펴보십시오. (『군주론』, 26장)

이탈리아의 해방을 위해 필요한 것은 통일된 민족국가를 수립하는 것이고, 이 통일국가를 세우기 위해서는 다양한 우연적 요인들과 적대적 의지를 가진 이들의 도전에 맞서 자기의 의지를 실현할 수 있는 강력한 정치 지도자, 즉 군주가 필요하다는 것이다. 마키아벨리는 새로운 국가를 창설하기 위해서는 탁월한 역량을 가진 군주, 강력한 권력을 적절히 활용할 줄 아는 지도자가 필요하다고 생각했다. 그런 문제의식의 결과로 『군주론』이 탄생한 것이다. 이탈리아 통일이라는 대업을 성취해야 하는 지도자로서 군주에게 요구되는 능력과 덕목이 무엇인지를 상세하게 밝히고 그 대업을 성취하기 위한 정치적 실천의 기예를 일목요연하게 정리하는 것, 그리하여 군주의 프로토타입(prototype)을 제시하는 것이 『군주론』을 관통하는 주제인 것이다.

피렌체 정부의 관료로서 경험했던 여러 사건들과 접했던 자료들은 마키아벨리의 이 작업에 커다란 영향을 미쳤다. 그 가운데『군주론』의 모델이라 할 만한 인물인 체사레 보르자와의 만남은 마키아벨리의 정치철학이 완성되는 데 있어서 중요한 모티프가 된다.

4_그의 친구, 체사레 보르자

체사레 보르자(Cesare Borgia)는 『군주론』을 이해하기 위해서는 반드시 짚고 넘어가야 할 인물이다. 마키아벨리는 이 인물에게서 당대 이탈리아의 여러 가지 문제점을 극복하기 위해 필요한 정치적 지도자의 덕목과 피해야 할 약점을 발견했을 뿐만 아니라 정치적 실천의 외부적 조건이 가지는 커다란 규정력 역시 절감했다.

체사레 보르자와의 처음 만남 이후 피렌체 정부에 보내는 보고서에서 마키아벨리는 그에 대해서 다음과 같이 썼다.

이 군주는 참으로 훌륭하고 위대한 역량을 가진 인물입니다. 싸울 때는 용맹무쌍하고, 그의 손에 걸리면 아무리 어려운 일이라도 하찮은 문제가 되고 맙니다. 영광과 정복을 위해서는 휴식을 모르고, 고통도 위험도 마다하지 않으며, 사람들이 그가 어떤 곳을 떠난 것을 채 눈치도 채기 전에 그는 벌써 다른 곳에 가 있습니다. 가장 훌륭한 이탈리아인을 신하로 가졌고, 그들의 존경을 받고 있습니다. 더욱이 그가 착실하게 이룩하고 있는 무서운 승리는 완벽할 만큼 행운에 의해 뒷받침되

고 있습니다. (『나의 친구 마키아벨리』, 266쪽에서 재인용)

체사레 보르자는 매우 흥미로운 인물이다. 그가 세상에 처음 알려진 것은 팜플로나의 주교로 임명되면서부터이다. 이때 그의 나이는 불과 열다섯. 그리고 3년 후 그의 아버지 로드리고 보르자, 즉 알렉산데르 6세가 새로운 교황으로 선출되자 체사레는 열여덟이라는 어린 나이에 추기경이 된다. 사제로서 자신의 커리어를 쌓아 갈 것으로 보이던 체사레는 1498년 추기경을 스스로 사임하고 교황군 총사령관에 취임하게 된다. 체사레 보르자는 추기경을 스스로 사임한 역사상 첫번째 인물이었다.

16세기 유럽의 교황을 오늘날의 교황과 같은 단순한 영적 지도자로만 바라본다면 이러한 상황을 쉽게 이해할 수 없을 것이다. 당시 교황은 세속국가의 군주와 같이 막강한 정치적 힘을 가진 권력자였다. 또한 교황청 역시 독자적인 영토와 군대를 가진 세속 정부와 다를 바 없었다. 프랑스나 독일 혹은 영국과 같은 강력한 군주국가들과 더불어 교황청은 유럽 패권을 놓고 다투는 유럽의 정치적 이해당사자 가운데 하나였던 것이다. 실제로 교황청은 당시 유럽에서 발발한 크고 작은 전쟁의 당사자로 참여한 적이 많았고, 또한 전쟁을 통하여 교황청의 영토를 넓히기도 하였다.

군주로서 체사레의 경력은 교황청 직속 군대의 장관으로서 시작된다. 아버지에 의해 교황군의 총지휘관으로 선택된 체사레는 교황청에 복종하지 않는 이탈리아의 군소 도시들을 정복하는 임무를 띠고 파병되었다. 명목상으로 이탈리아의 군소국가 영주들은 교황으로부터 '교황 대리'라는 관명을 하사받아 각자 자신이 부여받은 지방을 다스리는 자들이었지만, 세월이 흘러 교회의 권력이 약화되면서 서서히 독립국의 군주가 되어 갔다. 이렇게 교황령으로부터 독립한 군소국가들은 자신들의 안전을 위하여 베네치아, 나폴리, 밀라노, 피렌체 등 이탈리아 반도의 다른 강대국에 의존하고 있는 경우가 대부분이었다. 체사레는 아버지인 교황 알렉산데르 6세의 후원과 당시 유럽 최강국이었던 프랑스의 원조를 받아 교황령으로부터 독립해 나간 국가들을 다시 교황령에 복속시켜 갔다. 이런 정복전쟁 과정을 통해 그는 이탈리아 중부 로마냐 지방에 자신의 나라, 즉 로마냐 공국을 세우고 나폴리 공국, 피렌체 공화국, 밀라노 공국, 베네치아 공화국 등을 압박하며 이탈리아 지역의 강력한 군주로 떠올랐다.

체사레 보르자는 자신의 승리를 위해서는 기꺼이 권모술수를 사용하는 비정한 인물이었고, 또 자신의 권력을 확고히 하기 위해서는 잔인한 면모를 드러내는 것도 꺼리지 않는 인물이었다고 한다. 하지만 그에게 그런 비정하고 잔인한 모습만 있는 것은 아니었다. 그 역시 당대 이탈리아 르네상스의 영향하에 있던 사람이었던 만큼, 예술을 사랑하는 인간이었다. 체사레는 레오나르도 다빈치의 강력한 후원자였다. 체사레가 내린 포고령 가운데는 다음과 같은 내용의 것이 있다.

나의 절친한 친구인 건축기술 총감독 레오나르도 다빈치에게 모든 지역의 자유 통행을 허가하고 호의적인 대응을 해줄 것을 명한다. 내가 우리 공국 내의 모든 성채에 대한 시찰 임무를 부여한 그에게 그 임무를 수행하는 데 필요한 모든 조력이 충분히 주어지지 않으면 안 된다. 나아가서 공국 내의 모든 성채, 요새, 시설의 토목공사는 시행 전에 또는 속행 중일지라도, 기술자들은 레오나르도 다빈치 총감독과 협의하여 그의 지시에 따를 것을 명한다. 만일 이 명령에 어긋나는 행동을 하는 자는, 아무리 내가 호의를 가진 자라 할지라도 내가 격노할 것을 각오하여야 한다. (『나의 친구 마키아벨리』, 266~267쪽에서 재인용)

마키아벨리는 일생 동안 체사레 보르자를 세 번 만났다. 첫번째 만남은 1502년 초여름, 피렌체 정부 사절단의 일원으로 체사레 보르자를 방문한 때였다. 그러나 마키아벨리는 그와 말 한마디 제대로 섞지 못하고 피렌체 정부로부터 훈령을 받기 위하여 이틀 만에 피렌체로 돌아갔다.

마키아벨리가 체사레를 보다 지근거리에서 살펴볼 수 있었던 것은 그와의 두번째 만남에서였다. 같은 해 가을 마키아벨리는 다시 한번 체사레 보르자를 만나게 된다. 이번에는 사절단의 대표 자격을 가지고서 말이다. 이 두번째 만남은 체사레가 위기에 처한 상황에서 이루어졌다. 체사레 휘하의 용병대장들이 반란을 일으킨 것이었다. 체사레는 내부의 적과 싸우기 위해 대외적 군사 관계를 분명히 정리할 필요를 느끼고 있었다. 우선 그에게 적대적이었으나 손쉽게 패배시킬 수 없었던 베네치아 공화국은 중립을 지키도록 만들었다. 그리고 비록 힘없는 군소국가는 아니었으나 이미 자신의 군사적 위세에 위축되어 있는 피렌체에게는 적극적인 동맹을 선언하도록 요구하였다. 피렌체로서는 손쉽게 동맹을 선언할 입장도, 그렇다고 분명하게 거절할 수 있는 입장도 아니었다. 피렌체가 입수한 정보에 의하면 체사레가 상당한 위기에 몰려 있기 때문에 그와 동맹을 맺었다가 체사레가 패배하게 되면 입을 타격이 너무 컸다. 그렇다고 프랑스 왕의 지지와 교황청의 후원을 등에 업고 있는 체사레가 그리 쉽게 무너질 것 같지도 않았기에 동맹을 거절할 수도 없었다. 이런 딜레마에 처해 있었던 피렌체에게 필요한 것은 시간이었다. 마키아벨리는 시간 벌기라는 임무를 부여받고 체사레가 당시 머물고 있던 로마냐 공국의 수도 이몰라로 파견되었다.

이 두번째 만남은 석 달 가까이 진행되었고, 이 기간 동안 마키아벨리는 체사레를 자세히 살펴볼 수 있었다. 상황은 여러모로 체사레에게 좋지 않게 돌아가고 있었다. 아홉 명의 용병대장들과 한 명의 추기경이 이 반란에 가담했다. 용병대장들은 단순히 직업군인이 아니라, 비록 소국이지만 한 나라를 다스리는 영주이기도 했다. 당시 이탈리아의 관습에 따라 이러한 소국의 영주들은 자기 사병을 토대로 용병으로 활약하기도 했던 것이다. 그들은 계속 강성해져 가는 체사레를 보면서 자기들이 다스리는 나라들이 모두 체사레의 로마냐 공국에 완전히 통합될 것을 두려워했다. 어찌 되었건 이들은 체사레 군대의 한 축을 형성하고 있는 자들이었기에 이들의 반란은 적지 않은 부담으로 체사레에게 다가왔다. 더욱이 체사레는 프랑스 국왕에게 원군을 청했지만 프랑스 국왕은 군대를 보내주지 않고 있는 상황이었다. 여러모로 체사레는 불리한 상황에 놓여 있었다.

하지만 체사레는 태연한 듯 보였다. 객관적으로 보기에는 분명 난처한 상황에 처해 있었는데도 체사레는 마키아벨리와 회담 중에서 "나는 모든 것을 살피면서, 나는 나의 때가 오기를 기다리고 있소"라고 말하였다. 그리고 그때는 정말 왔다. 여러 가지 노력 끝에 1502년 겨울, 체사레는 반란자들과 '화해의 모임'을 가지게 된다. 물론 이 화해 모임은 반란자들을 제거하기 위한 체사레의 계략이었다. 화해의 모임은 세니갈리아에서 열렸다. 이몰라에서 세니갈리아로 가는 도중 체사레는 상식적으로 납득이 가지 않는 몇 가지 조처들을 취하였다. 우선 그는 프랑스 원군을 돌려보냈다. 아무리 화해가 이루어졌다고 하지만 체사레가 그나마 의지할 수 있었던 군사력이었던 프랑스 군대를 돌려보내는 것은 위험한 결정이었다. 하지만 이 조처 덕에 반란자들에게는 체사레가 확실한 화해의 의지를 가진 것으로 비춰졌다.

두번째 조처는 보다 충격적이었다. 세니갈리아로 가는 도중 체사레는 체세나 시에서 자신의 가장 충직한 수하, 레미로 데 오르코의 목을 쳐 시 광장에 전시하였다. 오르코는 체사레가 로마냐 지방을 정복하였을 때 그 지역 통치를 맡았던 인물이다. 당시 로마냐 지역은 치안이 불안정하기 그지없는 지역이었는데 오르코는 그 지역을 통치하면서 엄격한 법집행으로 질서를 수립하고 안정화시킨 공로를 세운 인물이었다. 그런데 돌연 그를 처형한 것이다. 이 난데없는 조처의 이유는 몇 가지로 해석될 수 있다.

우선 『군주론』에 쓰여 있는 마키아벨리의 해석을 보자. 오르코는 분명 무법천지의 지역에 법질서를 세웠다. 이로 인해 한편으로 오르코는 이 지역에서 상당한 명성을 떨치게 되었다. 그러나 다른 한편으로 그 과정은 너무나 혹독한 것이었다. 수많은 사람들이 법질서 위반으로 죽음을 당했다. 오르코의 통치는 일종의 공포정치였으므로 민중의 불만도 적지 않은 것이었다. 체사레는 "그동안 취해 온 엄격한 조치로 인해서 공작 자신이 인민들의 미움을 사고 있다고 판단했기 때문에, 이러한 반감을 무마시키고 인민들의 환심을 사기 위해서, 이제껏 행해진 잔인한 조치는 모두 그가 시킨 일이 아니라 그의 대리인의 잔인한 성격에서 비롯된 것이라는 점을 보여 주고자 했던 것"이라는 것이 마키아벨리의 생각이다(『군주론』, 7장). 그래서 민중을 달래고 너무 큰 권한을 가지게 된 자신의 충신을 어느 날 갑자기 단칼에 베어 버렸다는 것이다.

하지만 이런 조처는 자기에게 반란을 일으킨 자들과 화해하러 가는 도중에 일어난 것이다. 자기의 충신마저 아무렇지 않게 목을 칠 수 있는 체사레의 면모는 반란자들을 안심하게 하기는커녕 오히려 그들에게 경계심을 심어 주지 않았을까? 시오노 나나미의 해석을 보자. 그녀는 당시 사료를 인용하며 다음과 같은 사실을 지적한다. 1502년 10월, 체사레와 반란자들 사이의 화해 가능성을 타진하는 사전 만남이 있었다. 반란군의 밀사는 체사레와 만난 자리에서 자신들이 반란을 일으키게 된 이유가 근본적으로는 오르코에게 있다고 하였다. 이에 체사레는 그에게 조금도 화를 내지 않고, "머지않아 나도 그대들도, 그리고 민중도 모두가 만족하는 결과가 될 것이다"라고 답하였다고 한다. 시오노 나나미에 따르면 오르코는 일종의 희생물이었다는 것이다. 오르코를 죽임으로써 반란군에게 보다 강력한 화해의 메시지를 보냈다는 것이다. 그녀는 다음과 같이 쓰고 있다. "레미로 데 오르코의 처형은 반란의 진짜 책임이 데 오르코에 있는 이상, 반란자들은 용서받는 체사레의 의지를 전하는 메시지였다"(『나의 친구 마키아벨리』, 279쪽).

프랑스 군대를 돌려보내고 오르코를 처형한 조처는 모두 반란자들을 안심시키기 위한 것이었다. 세니갈리아에서 화해의 모임이 이루어졌다. 체사레는 화해하게 되어서 진심으로 기쁘다는 듯이 그들을 껴안았다. 그러나 몇 분이 지나지 않아서 반란의 주모자들은 체사레의 병사들에게 모두 참살되었다. 곧이어 반란자들이 다스리던 나라들로 체사레의 군대가 출병하였고, 그 나라들은 모두 체사레의 것이 되었다. 반란자들을 모두 참살한 후 체사레는 다음과 같이 말했다. "나의, 그리고 여러분의 적이기도 한 그들을 멸할 수 있어서 기쁘오. 이탈리아의 화근을 멸한 것이오."

체사레와 마키아벨리의 세번째 만남은 그 다음해인 1503년 가을에 있었다. 그러나 이때의 만남은 체사레의 운이 다해 가는 시기에 이루어졌다. 그해 여름 체사레와 그의 아버지 알렉산데르 6세는 모두 말라리아에 걸린다. 아직 스물여덟 살에 불과한 젊은 체사레는 병석에서 일어났지만, 연로한 교황은 결국 세상을 떠나게 된다. 교황인 아버지의 갑작스러운 죽음과 자신의 병환이 체사레에게는 불운의 시작이었다. 마키아벨리는 알렉산데르 6세의 후임 교황이 누가 될지에 대

플레니투도 포테스타스(plenitudo potestas)

이 말을 직역하면 "모자람이 없이 충만한 권력"이라는 뜻이다. 이 용어는 교황이 신앙의 세계에서뿐 아니라 현세의 정치적 세계에서도 최고의 권위를 갖고 있음을 주장하기 위해 채택된 용어이다. 현세의 정치권력도 교황에 복속되어야 한다는 이들의 정치신학은 실제로 행동으로 구현되었다. 수많은 교황이 자신의 직접적인 통치권이 통용되는 영토를 확장하기 위해 수없이 많은 침략 전쟁을 감행했던 것이다. 사실 체사레 보르자도 자기 아버지 알렉산데르 6세의 군대, 즉 교황군의 총사령관으로서 군사적 커리어를 시작했다. 마키아벨리는 알렉산데르 6세에 대해 "교황에 즉위하게 되자 그는 역대 어느 교황보다도 탁월하게 돈과 군사적인 수단으로 얼마나 많은 것을 성취할 수 있는가를 보여 주었습니다"라고 평가한다 (『군주론』, 11장). 그리고 체사레의 정적이었던 율리오 2세는 교회의 권력을 더욱 강하게 만들었다. 그러나 마키아벨리는 이 교회 권력에 대해서 매우 비판적이었다. 그가 보기에 교회는 이탈리아 통일의 최대 걸림돌이었다. 그림 왼쪽은 알렉산데르 6세, 오른쪽은 율리오 2세.

한 정보를 얻기 위해 로마로 파견된다. 이때 그는 다시 체사레와 만나게 된다. 체사레는 세번째 만남에서 마키아벨리에게 "나는 부친이 돌아가실 때 발생할 수 있는 모든 것을 전부터 생각했고, 방책도 발견했고, 그것들을 조금씩 실행에 옮겨 왔소. 그러나 부친이 돌아가실 때, 내 자신이 또한 생사의 경계를 넘나들게 될 줄은 생각도 못했소"라고 말했다.

알렉산데르 6세가 죽자 프란체스코 토테스키니 디톨로미니 추기경이 자신의 군사력을 앞세워 바티칸을 장악하고 교황 자리에 오르게 된다. 이 인물이 비오 3세인데 그의 운은 여기까지였다. 교황에 재위한 지 한 달 만에 세상을 떠나게 된 것이다. 결국 바티칸은 다시 교황을 뽑아야 했다. 새로운 교황으로 산 피에로 애드 빈쿨라 추기경이 선출되었다. 그가 율리오 2세이다. 율리오 2세는 마키아벨리가 『군주론』에서 군주적 덕목을 소유한 인물로 평가하는 지도자이다. 실제로 율리오 2세는 교황 재위 시절, 볼로냐를 점령하고, 베네치아의 세력을 파괴하고, 프랑스군을 이탈리아에서 몰아내고, 교회를 더욱 부유하게 만드는 업적을 성취했다. 율리오 2세는 상당히 강력한 지도자였던 것이다.

마키아벨리에 의하면 체사레 보르자는 반드시 율리오 2세가 교황이 되는 것을 막아야 했다. 왜냐하면 이전에 체사레가 율리오 2세에게 피해를 준 적이 있었기 때문이다. 체사레는 비록 자기가 원하는 인물을 교황에 앉힐 수는 없었더라도, 적어도 자기가 원하지 않는 인물이 교황으로 선출되는 것을 막을 수는 있었다. 그러나 그는 산 피에로가 교황이 되는 것을 막지 않았다. 마키아벨리에 따르면 체사레는 "새로운 은혜를 베품으로써 과거의 피해를 잊도록 만들 수 있다"(『군주론』, 7장)라고 믿었던 것이다. 하지만 이는 어디까지나 자기 기만에 불과했다. 그래서 마키아벨리는 산 피에로가 교황에 선출되는 것을 막지 못한 것이 체사레의 결정적 실수였다고 평가한다.

체사레는 결국 율리오 2세에 의해 산탄젤로 성의 지하교도소에 투옥되었다. 1504년에 체사레는 스페인으로 추방당하게 된다. 메디나 델 캄포의 모타 성에 갇혀 지낸 지 2년 만에 극적으로 탈출에 성공하여 처남이 다스리는 나바라 왕국으로 도주하였지만, 나바라의 반역자들과 전투를 벌이다 전사하고 만다. 이때 체사레의 나이는 서른 하나였다.

5_군주론, 체사레 보르자의 반복?

마키아벨리는 체사레 보르자의 전성기와 몰락기의 중요한 순간에 그를 직접 만날 수 있었다. 마키아벨리는 체사레 보르자에게서 치밀한 계산에 바탕을 둔 전략적 행동, 나아갈 때와 물러날 때를 분명하게 정하는 과감한 결단력, 냉정한 판단력에 기초한 비정한 계략을 갖춘 군주의 덕목과 역량을 보았다. 또한 그런 인물조차 일거에 몰락으로 이끄는 운명(fortuna)의 힘 또한 목격했다. 그리고 체사레 보르자와의 만남은 그가 이후『군주론』을 통해 자기 시대에 필요한 지도자의 상을 그리는 데 핵심적인 영감을 제공했다.『군주론』에서 그려지고 있는 정치적 지도자는 어쩌면 체사레 보르자가 추상화된 존재인지도 모른다. 마키아벨리는『군주론』에서 체사레를 다음과 같이 평가한다.

이제 공작[체사레 보르자─인용자]의 모든 활동을 검토해 볼 때, 나는 그를 비판하고 싶은 마음이 없습니다. 오히려 그는, 위에 쓴 바와 같이, 타인의 호의와 무력에 의해서 권력을 차지한 모든 사람들이 귀감으로 삼을 만한 가치가 있는 듯합니다. (『군주론』, 7장)

발렌티노의 공작, 체사레 보르자 혹은 마키아벨리의 개념적 인물

프랑스의 철학자 질 들뢰즈와 펠릭스 가타리에 의하면 어떤 철학적 사유는 그 사유의 체계를 집약적으로 표현하는 인물의 형상을 가지고 있다고 한다. 그들은 이러한 인물의 형상을 '개념적 인물'이라고 지칭한다. 가령 플라톤에게는 개념의 본질적 규정을 찾아 근본적인 질문을 던지는 소크라테스, 데카르트에게는 모든 감각적 앎을 불신하는 백치, 니체에게는 삶의 차안성을 긍정하는 디오니소스가 그런 개념적 인물이다. 그렇다면 마키아벨리의 개념적 인물은 누구일까? 추상적으로 말하자면 물론 '군주'이겠지만, 그 군주의 구체적인 모델은 바로 체사레 보르자였을 것이다.

현대철학자 슬라보예 지젝은 헤겔의 반복 개념에 대해 설명하면서 카이사르의 사례를 언급한 적이 있다. 구체적인 개인으로서 카이사르는 황제가 되려 했기 때문에 공화주의자들에 의해 암살당하였다. 공화주의자들은 카이사르를 죽인다면 로마는 제정으로 넘어가지 않을 것이고 로마의 공화정을 지킬 수 있다고 생각했다는 것이다. 그러나 바로 카이사르를 죽였기 때문에, 그의 조카 아우구스투스는 진짜 '카이사르'(로마 황제)가 될 수 있었다. 황제의 권력에 근접했던 구체적인 인물인 카이사르의 죽음을 통해서 로마에는 카이사르(황제)의 자리가 영원히 보장되게 되었다. 지젝은 여기에 헤겔적 의미의 반복 개념의 핵심이 있다고 말한다.

반복에 대한 문제 전체는 바로 여기, 카이사르(한 개인의 이름)에서 카이사르(로마 황제의 칭호)로 넘어가는 이행 과정 속에 있다. 카이사르(역사적인 인물)의 살해는 그 최종 결과로 카이사르주의를 가져온다. 카이사르-인물은 자신을 카이사르-이름으로서 반복한다. (지젝, 『이데올로기라는 숭고한 대상』, 112~113쪽)

물론 지젝이 헤겔의 반복 개념을 통해서 말하고자 하는 정확한 맥락과 일치하는 것은 아니지만, 체사레 보르자를 통해서 당대 이탈리아에 필요한 군주의 모델을 구축해 가는 마키아벨리의 작업에는 일종의 헤겔적 반복과 유사한 것이 나타난다. 역사 속의 구체적 인물 체사레 보르자는 결국 그의 탁월한 역량에도 불구하고 불운의 힘을

이탈리아, 드디어 통일을 이룩하다

마키아벨리는 이탈리아에 통일된 국민국가가 수립되길 진정으로 숙원했다. 그 일념으로 『군주론』을 써서, 피렌체의 패자인 메디치 가문의 지도자에게 헌정하였으나, 결국 그는 생전에 통일된 이탈리아를 보지 못한다. 그가 세상을 떠난 뒤로도 이탈리아는 사분오열된 채 유럽의 중심에서 밀려나는 세월을 거듭했다. 그러다 마키아벨리의 사후 300여 년의 세월이 흐른 이후 이탈리아는 마침내 통일된다. 이탈리아의 통일은 사르데냐 왕국의 군주였던 비토리오 에마누엘레 2세에 의해 성취되게 된다. 그러나 이탈리아 통일에 있어서 결정적인 중요한 역할을 한 또 다른 인물이 있다. 그가 바로 1천 명의 민병대로 시칠리아와 나폴리 등 남부 이탈리아 지역을 이민족의 지배로부터 수복한 주세페 가리발디이다. 가리발디는 자신이 수복한 지역에 대한 통치권을 비토리오 에마누엘레 2세에게 넘김으로써 이탈리아의 실질적인 통일을 가져왔다. 1861년 3월 비토리오 에마누엘레 2세가 초대 국왕이 된 이탈리아 왕국이 탄생하고 1870년 로마를 병합함으로써 이탈리아 통일이 완성된다. 그림은 가리발디와 비토리오 에마누엘레 2세가 회합하는 장면이다.

이기지 못하고 요절하였지만 그의 죽음을 통해 마키아벨리는 파도처럼 덮쳐오는 운명(fortuna)의 힘을 타고 넘을 수 있는 역량(virtù)을 갖춘 군주의 모습을 구성해 갔던 것이다. 체사레 보르자-인물은 마키아벨리에 의하여 체사레 보르자-이름으로 반복되었던 것이다.

마키아벨리는 체사레 보르자-인물이 죽고 없는 상황에서 체사레 보르자-이름이 다시 역사 속에서 나타날 수 있기를 바랐다. 그리고 그 이름을 그는 '군주'라고 명명했다. 당대의 역사적 인물로서 체사레 보르자보다 더 군주의 이름에 어울릴 수 있는 구체적 인물에 대한 적극적인 기다림으로서 그는 『군주론』을 썼던 것이다. 이러한 문제의식은 『군주론』의 헌정 대상이었던 로렌초 데 메디치의 가문이 이탈리아의 역사에서 감당해야 할 몫을 절절한 어조로 기록한 이 책의 마지막 장이 분명하게 보여 준다. 마키아벨리는 자신이 태어난 도시의 지배자, 강력한 권력을 보유하고 있던 메디치에게 이러한 지도자, 즉 군주가 되어 달라고 호소했다.

이탈리아가 이제 희망을 걸 만한 대상은 오직 영광스러운 전하의 가문뿐입니다. …… 이것은 정말 위대한 정의입니다. …… 이탈리아가 그토록 오랜 시일 동안 고대해 온 구세주를 만나기 위해서 이 기회는 무슨 일이 있더라도 결코 놓칠 수 없습니다. 저는 이 모든 감정을 이루 말로 형언할 수 없습니다. 이들 이방인들의 범람으로 고난을 겪던 이탈리아의 방방곡곡에서 사람들이 얼마나 많은 흠모의 정을 가지고 …… 구세주를 맞이하겠습니까! …… 야만족의 폭정의 냄새가 모든 사람의 코를 찌릅니다. 이제 영광스러운 전하의 가문이 모든 정당한 임무를 수행하는 데에 따르는 기백과 희망을 가지고 이 사명을 떠맡아야 합니다. (『군주론』, 26장)

그는 로렌초 데 메디치가 체사레 보르자-이름을 반복하는 존재가 되기를 원했던 것이다. 그러나 그의 바람은 이루어지지 않았다. 하지만 『군주론』에 제시된 군주의 덕목과 정치적 실천의 기예는 그 자체로 체사레 보르자에 대한 이론적 반복이었다. 그리고 그러한 반복은 이전에는 찾아볼 수 없었던 아주 낯선 정치이론과 정치철학을 낳게 된다.

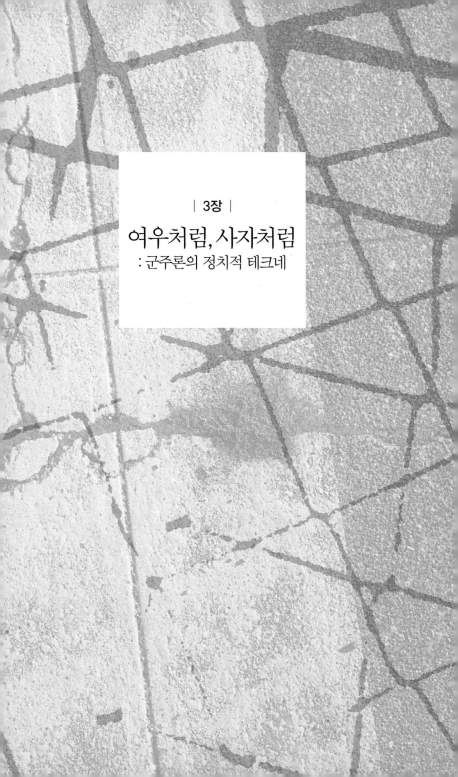

| 3장 |

여우처럼, 사자처럼

: 군주론의 정치적 테크네

1 _ 운(fortuna)의 힘

운이라는 파도

마키아벨리가 산탄드레아의 농장에 차려진 작은 서재에서 고대인들과 나누었던 깊이 있는 대화는 그에게 정치세계가 어떤 질서에 의해서 움직이는지를 알려주었다. 비록 이제 현실정치가 돌아가는 긴박한 현장에서는 멀찍이 떨어져 나와 있었으나, 그의 고대세계 연구는 항상 자신이 속한 지금 여기의 문제와 결부되어 있었다. 즉, 그의 작업은 로마를 중심으로 한 고대의 정치사에 대한 연구와 거기에서 얻은 교훈을 피렌체 서기국에서의 경험과 비교하거나 자기 시대의 정세들과 견주어 보는 일의 연속이었다.

그 과정에서 마키아벨리는 고중세의 지배적 정치철학의 입장과 명백한 단절의 선을 긋게 된다. 특히 기독교의 정치관, 신의 절대적 섭리가 이루어지는 과정으로서 역사의 필연적 전개가 정치세계에서도 관철된다는 믿음과 그는 근본적으로 절연하였다. 마키아벨리에게 정치란 철저히 인간사의 영역이고, 인간의 의지를 실현해 가는 활동이다. 하지만 동시에 결코 인간의 의지가 모든 것을 결정할 수 있는 것은 아니라고 그는 생각한다. 정치는 일차적으로 운(fortuna)의 규정 속에서 이루어지는 것이었다. 마키아벨리는 『군주론』에서 다음과 같이 말한다.

저는 본래 세상일이란 운명과 신에 의해서 다스려지기 때문에 많은 사람들이 인간의 신중함으로써는 이를 통제할 수 없다고 생각해 왔고, 여전히 그렇게 생각한다는 점을 잘 알고 있습니다. 게다가 사람들은 그런 사태에 대해서 인간이 어떠한 해결책도 강구할 수 없다고 생각합니다. 그렇기 때문에 매사에 땀을 흘리며 애써 노력해 보았자 소용이 없으며, 운명이 지배하도록 내버려 두는 것이 더 낫다고 결론지을 수 있습니다. …… 이 문제에 관해 생각할 때, 저 자신도 간혹 어느 정도까지는 이 의견에 공감합니다. (『군주론』, 25장)

아마도 인간사에 미치는 운의 엄청난 영향력에 대해서 마키아벨리가 절감하도록 만들었던 인물은 체사레 보르자였을 것이다. 이미 앞에서 보았던 것과 같이 체사레는 『군주론』의 모델이었다. 그는 체사레가 과감한 결단력, 명민한 판단력, 치밀한 계획, 담대한 용기, 적절한 처세로 승승장구해 가던 모습을 곁에서 지켜볼 수 있었다. 체사레는 이와 같이 자신의 역량에서뿐만이 아니라 운에서도 강한 듯 보였다. 교황을 아버지로 두었고, 카리스마도 타고났으며, 심지어 외모 역시 뛰어났던 이 인물은 이탈리아를 통일시킬 수 있는 전형적인 군

발뒤꿈치에 화살을 맞은 아킬레우스

그리스 신화에 등장하는 전쟁 영웅 중 단연 최고의 반열에 오른 이는 아킬
레우스일 것이다. 프티아의 국왕 펠레우스와 바다의 여신 테티스 사이에
서 태어난 이 인물은 그 유명한 트로이 전쟁에서 가장 빛나는 전공을 세운
영웅이다. 그는 어린 시절 어머니가 스틱스 강물에 몸을 담궈 준 덕분에
세상의 그 어떤 무기로도 뚫을 수 없는 강철 같은 몸을 얻게 된다. 하지만
테티스가 그의 몸을 스틱스 강물에 담기 위해 잡고 있던 발목만큼은 그
강물이 덮지 못했다. 아킬레우스는 무수한 전장에서 무명(武名)을 떨친 영
웅으로 성장했지만, 트로이 전쟁 한복판에서 그는 어이없게도 파리스의
화살에 발목을 관통당하여 죽음을 맞이하였다. 그의 뛰어난 전투력도 운
의 공격만은 격퇴할 수 없었다.

주의 면모를 가지고 있었던 것이다.

그러나 그러한 체사레조차 운의 변덕 앞에서 무참히 스러져 갔다. 그를 도왔던 행운이 어느 날 갑자기 불운으로 변해 버린 것이다. 체사레 보르자는 이탈리아 역사상 보기 드문 역량을 가진 영웅이었지만 결국 거대한 파도와 같은 운의 습격에 휩쓸려가 버렸던 것이다. 아마도 마키아벨리는 체사레 보르자를 지켜보며 어떤 비애감 내지는 무상함을 느꼈는지도 모르겠다. 이토록 이상적인 군주에 근접한 인물조차 운명의 파도 앞에 굴복할 수 없다는 사실이 그에게 정치에 있어서 운의 힘이라는 문제를 숙고하지 않을 수 없게 했을 것이다.

이러한 사실에 대한 비애감과 무상함을 느낀 것은 마키아벨리뿐만이 아니었던 듯하다. 많은 신화나 역사 속에는 불운에 희생되는 영웅들의 이야기가 적지 않게 전해 내려오고 있다. 온몸이 강철 같았지만 유일한 약점인 발뒤꿈치에 화살을 맞아 죽음을 맞아야 했던 아킬레우스의 이야기는 유명하다. 또한 게르만 신화에 등장하는 영웅 지크프리트 역시 이와 유사한 운명을 겪지 않았던가. 이렇듯 뛰어난 능력으로 자신의 이름을 날렸던 영웅들도 자신의 역량만으로는 어쩔 수 없는 외부의 우연적 요인에 의해서 비참한 최후를 맞이한 경우를 신화는 기록하고 있다. 그들 역시 운의 화살을 비켜 갈 수 없었던 것이다.

반면 운 덕분에 사기 역량 이상으로 많은 성취를 한 인물들 역시 적지 않다. 프랑스군의 침공으로 피렌체의 권력을 잡게 된 사보나롤라와 같은 인물이 그 대표적인 예일 것이다. 마키아벨리보다 한 세대

사보나롤라의 화형식, 무장하지 않은 예언자의 최후

프랑스 군대의 무력 침공 앞에서 피렌체는 무력했다. 당시 메디치 가문의 수장 피에로 데 메디치는 프랑스 왕을 만나 항복을 선언했다. 그리고 메디치 가문은 피렌체로부터 추방당하였고 피렌체의 권력은 이 도시의 수도자였던 사보나롤라에게 돌아갔다. 그는 피렌체가 르네상스의 수도로서 빛나던 시절부터 줄곧 피렌체가 타락했고, 그로 인해 신의 심판을 받을 것이라고 경고하는 설교를 했다. 피렌체가 프랑스군에 의해 약탈당하자 그는 이렇게 설교했다. "이것이야말로 신께서 내리시는 칼이다. 내 예언은 적중했다. 회초리가 내리쳐진다. 신께서 몸소 저 군대를 인솔하고 계신다. 이것이야말로 신이 내리시는 노여움의 시련이다"(『나의 친구 마키아벨리』, 158쪽). 두려움에 떨던 피렌체 대중은 곧 그를 신의 사자처럼 추종하기 시작했고, 그는 피렌체의 권좌에 앉을 수 있었다. 하지만 그의 권력은 오래가지 않았다. 그는 교황청에 의해 이단으로 정죄당하고 결국 화형당했다. 마키아벨리는 사보나롤라가 대중의 마음을 움직일 수 있었으나 무력을 소유하지 않았던 점이 한계였다고 평가한다. 즉 그가 '무장하지 않은 예언자'였기 때문이라는 것이다.

정도 앞선 인물이었던 사보나롤라는 피렌체의 수도사였다. 그는 경제적으로 성장하고 문화적으로 발전하던 피렌체를 향하여 신의 심판이 임박했음을 경고하던 예언자였다. 피렌체의 경제적 성장의 이면에는 부의 불평등한 분배 문제가 있었고, 당시 정점에 올랐던 르네상스 문화에는 엄격했던 중세 기독교 도덕과 상충하던 지점이 많았다. 사보나롤라는 이러한 현상을 타락으로 규정하고 곧 신의 심판이 있을 것임을 예언했던 것이다.

그리고 실제로 프랑스 국왕 샤를 8세의 피렌체 침공을 경험하게 되자 피렌체 대중들은 사보나롤라의 가르침에 열렬히 호응하기 시작했고, 그는 그 덕에 피렌체의 정권을 잡게 된다. 만약 프랑스 침공이 없었더라면 그는 대중적으로 인기 있는 설교자가 될 수 있었을지는 몰라도 피렌체의 집권자가 될 수는 없었을 것이다. 그가 피렌체의 정권을 잡을 수 있었던 가장 큰 원인은 프랑스 침공이라는 뜻밖의 사건, 즉 자신의 의도나 계획에 의한 것이 아니라 자기 외부의 힘이 작용한 결과였던 것이고, 그런 의미에서 그는 행운에 의해서 권력을 잡게 된 경우라고 할 수 있다.

그것이 행운이건 불운이건, 이렇게 운은 인간의 삶에 커다란 영향을 행사하고, 때로는 그것을 좌지우지한다. 마키아벨리의 정치철학은 이와 같은 운의 힘에 대한 사유, 그리고 운의 힘을 통제하는 역량에 대한 사유를 중심으로 짜여 있다. 먼저 운의 힘에 대한 마키아벨리의 생각을 살펴보자.

운이란 무엇인가?

마키아벨리에게 '운이란 인간이 자신의 주체적 의지와 역량으로 통제할
수 있는 범위 밖에서 자신에게 닥쳐와 그 자신이 하고자 하는 일의 성패에
결정적 영향을 미치는 외부의 힘'을 말한다. 앞에서 보았듯이 아킬레우
스가 자기 어머니 덕분에 스틱스 강물에 몸을 담궈 금강불괴의 몸이
된 것은 그의 의도나 의지와 무관한 행운이었지만, 그의 발목에는 물
이 닿지 않은 것 역시 그의 의도나 의지와 무관한 불운이었다. 아킬레
우스에게는 스틱스 강물에 몸을 담그는 것도 그의 발목에만 강물이
닿지 않은 것도 모두 자신의 의도나 의지와는 무관한 '운'에 속하는
일이었다.

인간사에 결정적 영향을 미치는 운의 작용 중에 가장 대표적인
것으로 자연의 힘을 들 수 있겠다. 아무리 부지런한 농부라고 하더라
도 비가 오지 않는다면 농작물을 수확할 수 없을 것이다. 밭을 일구고
씨를 뿌리고 비료를 주고 잡초를 제거하는 등의 일은 그가 자신의 의
지로 통제할 수 있는 영역이지만, 비가 오고 안 오는 문제는 그의 의
지와 역량 밖의 일이기 때문이다. 그것은 운의 영역에 속한 문제이다.
비가 적절히 와서 농작물이 잘 자란다면 행운이겠지만, 비가 오지 않
아서 농작물이 말라 죽는다면 그것은 불운일 것이다.

이런 일이 어디 농사짓는 경우에만 국한되겠는가? 1274년, 고려
와 몽고의 연합군은 정예병으로 구성된 대규모 선단을 이끌고 왜를
정벌하기 위해 출항에 나섰다. 그러나 그 결과는 잘 알려져 있다시피

참담한 실패였다. 동해에 불어닥친 풍랑 때문이었다. 아시아는 물론이고 유럽까지 정복하여 세계 역사상 최대의 제국을 건설할 만큼 강한 힘을 가진 몽고였지만 유독 일본만은 정복하지 못했던 이유는 바로 풍랑이라는 불운 때문이었던 것이다.

마키아벨리는 이런 운의 힘을 매우 강조하는데, 그것의 무시무시한 힘은 체사레 보르자의 몰락에서 잘 드러난다. 마키아벨리는 체사레 보르자가 결국 실패하게 된 이유는 "전적으로 예외적이고 악의적인 운명의 일격에 의한 것"이었다고 평한다(『군주론』, 7장). 체사레 보르자는 자신과 아버지의 건강 문제를 스스로 통제할 수 없었고, 병은 두 사람 모두를 공략함으로써 체사레의 모든 권력을 박탈하도록 하는 무서운 힘을 행사한 것이다.

운이 '인간이 자신의 주체적 의지와 역량으로 통제할 수 있는 범위 밖에서 자신에게 닥쳐와 그 자신이 하고자 하는 일의 성패에 결정적 영향을 미치는 외부의 힘'이라면, 이런 외부적 힘에는 단지 천재지변이나 질병과 같은 자연적 힘뿐만이 아니라 나에게 행사되는 타인의 힘까지도 포함된다. 마키아벨리는 이 문제를 『군주론』의 7장 「타인의 무력과 호의로 얻게 된 신생 군주국」에서 다룬다.

자기 힘이 아니라 다른 강력한 인물이나 나라에 의해 옹립된 군주들이 자신의 통제 범위 밖에 있는 외부의 힘에 의해서 자신이 하고자 하는 일을 하게 된 경우이다. 가령 페르시아 제국의 황제 다리우스에 의해 정복된 그리스 지역(소아시아와 헬레스폰토스 지역)에는 많은 식민지들이 세워진다. 이때 이 식민지의 군주가 된 자들은 자신의 힘

운명의 수레바퀴를 돌리는 여신, 포르투나

포르투나는 운명의 수레바퀴를 돌리는 여신으로서 눈이 가려져 있다. 한 손에는 칼을, 다른 손에는 저울을 들고 있는 것으로 유명한 정의의 여신 디케 역시 눈을 가리고 있는데, 자신이 무게를 재는 물건의 주인이 누구인지를 알지 못하게 하기 위해서이다. 즉, 이는 정의의 공평무사함을 의미하는 것이다. 하지만 포르투나는 다르다. 눈을 가린 채 어떤 이에게는 행운을, 다른 이에게는 불운을 베푼다. 행운과 불운은 그저 우연의 산물일 뿐인 것이다. 그런데 마키아벨리의 생각은 달랐다. 그는 이렇게 말한다. "저는 신중한 것보다는 과감한 것이 더 좋다고 분명히 생각합니다. 왜냐하면 운명은 여성이고 만약 당신이 그 여성을 손아귀에 넣고 싶어 한다면, 그녀를 거칠게 다루는 것이 필요하기 때문입니다. 그리고 그녀가 냉정하고 계산적인 사람보다는 과단성 있게 행동하는 사람들에게 더욱 매력을 느낀다는 것은 명백합니다. 운명은 여성이므로 그녀는 항상 청년들에게 이끌립니다. 왜냐하면 청년들은 덜 신중하고, 보다 공격적이며, 그녀를 더욱 대담하게 다루고 제어하기 때문입니다"(『군주론』, 25장).

으로 국가를 창건한 것이 아니라 다리우스의 호의라는 외적 힘에 의해서 그 자리를 얻게 된 것이다.

그러나 타인의 호의나 무력이 어디까지나 남의 것인 이상 그것은 매우 불안정한 것임을 마키아벨리는 지적한다. "이런 군주들의 지위는 그를 군주로 만든 자들의 의지와 호의에 전적으로 달려 있는데, 이 두 요소야말로 지극히 불확실하고 불안정한 것"이기 때문이다(『군주론』, 7장). 나를 군주로 만들어 준 그의 의지는 나 자신의 것이 아니기 때문에 내 뜻대로 통제할 수 없다. 나에 대한 그의 호의는 그의 생각에 따라 얼마든지 적의로 변할 수 있다. 혹은 나를 후원해 주는 그가 언제 건강이 나빠져 죽게 될지, 혹은 천재지변으로 더 이상 나를 도와줄 수 없게 될지도 모르는 일 아니겠는가. 결국 강력한 타인의 의지에 의해 군주가 된 자의 권력 기반은 매우 취약할 수밖에 없는 것이다.

이런 의미에서 마키아벨리에게 운이란 자신의 정치적 의지를 구현하고자 하는 군주의 활동에 긍정적 요소이기보다는 부정적 요소라고 할 수 있다. 그것은 운이 군주의 의지로 통제 불가능하기 때문이다. 그러나 운으로부터 자유로울 수 있는 인간은 아무도 없다. 정치적 주체의 실천이란 언제나 운이라는 조건 속에서 이루어질 수밖에 없는 것이다. 그래서 마키아벨리는 다음과 같이 말한다.

모든 역사에서 우리가 목격한 바에 따르면 인간이 운명을 도울 수는 있으나 방해할 수는 없다는 것이 참으로 진실이라는 점을 나는 다시 한번 강조하고자 한다. (『로마사논고』, 2권 29장)

그렇다면 인간은 운의 노예일 뿐이며, 모든 것을 운에 맡겨 놓기만 해야 할까? 모든 것은 운에 의해 결정되어 있는 것뿐이란 말인가? 이 글의 서두에서 인용한 것처럼 사람들이 말하듯이 인간은 운에 대해서 어떠한 해결책도 발견할 수 없으며, "그렇기 때문에 매사에 땀을 흘리며 애써 노력해 보았자 소용이 없으며, 운명이 지배하도록 내버려 두는 것이 더 낫다"라고 결론지어야 할까? 물론 바로 위에서 인용한 『로마사논고』의 한 구절이 보여 주는 것처럼, 그리고 글 서두의 인용문에 나타난 것처럼, 마키아벨리는 운의 힘이 인간사에 결정적이라는 생각에 상당히 동의한다. 그러나 그가 모든 것이 운에 달려 있다고 생각하는 운명론자였던 것은 결코 아니다. 운의 힘을 강조하는 대다수 사람들의 일반적인 의견에 대해 마키아벨리는 "간혹 어느 정도까지는 이 의견에 공감"한다고 말하지만, 곧이어 그는 다음과 같이 말한다.

그럼에도 불구하고 인간의 자유의지를 박탈하지 않기 위해서 저는 운명이란 우리의 행동에 대해서 반만 주재할 뿐이며 대략 나머지 반은 우리의 통제에 맡겨져 있다는 생각이 진실이라고 판단합니다. (『군주론』, 25장)

2_운에서 역량으로

역량 개념의 계보

마키아벨리의 진정한 관심사는 바로 이 '나머지 반'의 영역이었다. 만약 인간사의 모든 일을 운이 결정해 버린다면 사실상 정치적 실천이란 아무런 의미도 갖지 못할 것이다. 실천이란 주체의 의지를 객관적인 현실 속에서 구현해 가는 활동인데, 운이 모든 것을 결정한다면 이 주체의 의지는 그 어떤 긍정적 작용도 할 수 없기 때문이다. 마키아벨리가 중요하게 생각했던 것은 운의 전능한 힘을 강조하는 것이 아니라 정치적 의지를 능동적으로 실현해 가는 주체의 실천이 가지는 현실적 가능성이었다.

그렇다고 운의 작용을 완전히 제쳐 둘 수는 없음은 분명하다. 주체의 통제 범위 밖에 있는 외부적 힘의 영향은 항상 존재하는 것이다. 어쩌면 운이란 정치적 주체를 둘러싼 외부적 환경 전체인지도 모른다. 마키아벨리에게 중요한 것은 그 외부적 힘에 대한 정치적 주체의 통제 가능성을 높이는 것이다. 마키아벨리는 이 외적 힘인 '운'을 통제할 수 있는 주체의 상대적인 힘을 '역량'(virtù)이라고 부른다.

마키아벨리의 역량 개념을 이해하기 위해서는 이 용어의 원어를 검토할 필요가 있다. 역량이라고 옮긴 단어는 마키아벨리의 모국어인 이탈리아어로 비르투(virtù)이다. 그리고 이 단어는 라틴어 비르투스(virtus)에 그 기원을 두고 있다. 비르투스는 로마의 철학자들에게 매우 중심적인 개념 가운데 하나였는데, 고전에 대한 재발견을 수행한 르네상스 시기 인문주의자들에 의해서 당대의 맥락 속에서 부활하게 되었다. "덕성(virtus)이라는 단어는 바로 남자(vir)라는 단어에서 파생했다"(스키너, 『근대 정치사상의 토대』 1권, 230쪽)는 키케로의 말에서 알 수 있듯이 비르투스라는 용어는 고대 사회의 남성에게 요구되는 특성들, 즉 용기·결단력·기백·힘·위력·유능함 등등의 폭넓은 의미를 가진 단어이다. 또한 악한 행실들의 특성을 의미하는 악덕(vizio)의 반대적 의미로서 미덕이라는 뜻 역시 가지고 있다.

로마인들에게 있어서 비르투스는 성숙한 인간이 지향해야 할 목적이었고, 또 그 스스로 훈련에 의해서 도달할 수 있는 이상이었다. 그런 맥락에서 신 중심적 세계관으로부터 탈피해 인간 자신을 중심으로 한 세계관을 구축해 갔던 르네상스 인문주의자들이 비르투스 개념에 주목한 것은 당연한 일이었다. 르네상스를 대표하는 인문주의자 페트라르카가 인문학 공부의 목적이란 비르투스의 함양이라고 말한 것에서도 알 수 있듯이 비르투를 갖춘 인간은 르네상스의 이상적 인간형이었다.

비르투스는 뛰어난 인간적 자질을 의미하는 맥락에서 능력·활력·덕 등으로 번역되기도 한다. 하지만 비르투스는 결코 인격적 존재에게만 쓰일 수 있는 용어는 아니다. 이 용어는 철학적으로 헬라스어인 아레테(aretē)를 그 배경으로 하고 있다. 그런데 아레테는 꼭 인간에게만 쓰이는 용어는 아니었다. 아레테는 기본적으로 어떤 사물이 제 기능을 잘하는 상태를 일컫기 위한 말이어서 물건을 잘 자르는 칼은 아레테가 있는 칼이라고 불렸고, 정확한 음을 잘 내는 악기는 아레테가 있는 악기라고 평가되었다. 이는 아레테 개념을 계승한 단어인 비르투스의 경우에도 마찬가지이다. 가령 화살을 멀리 힘차게 보낼 수 있는 활은 비르투스가 있는 활이다. 이런 면에서 비르투스 개념은 일차적으로 어떤 것이 자신이 해야 할 바를 잘할 수 있는 힘, 즉 역량을 의미하는 것이다. 그리고 그것은 사람에게뿐만 아니라 사물에게도 관철될 수 있는 개념이다.

마키아벨리가 비르투를 주로 군주나 국가의 특성과 관련하여 사용하고 있음을 염두에 둔다면, 그 용어는 일차적으로 군주나 국가가 해야 할 바를 잘할 수 있는 힘을 의미하는 것이라 할 수 있다. 물론 맥락에 따라서 이 용어는 활력(energy), 용맹(courage), 미덕(virtue) 등으로 다양하게 번역될 수 있음 역시 분명하지만 말이다.

역량이란 무엇인가?

그러나 마키아벨리의 역량 개념은 항상 그의 운 개념과의 연관 속에서 파악되어야만 비로소 명확해진다. 마키아벨리가 말하는 역량이란

'운에 일방적으로 좌우되지 않고 그것에 대한 통제력을 높이고 활용함으로써 자신의 의지를 이루어 내는 힘'이기 때문이다. 마키아벨리는 운과 역량의 관계를 다음과 같이 분명하게 보여 준다.

> 저는 운명의 여신을 험난한 강에 비유합니다. 이 강은 노하면 평야를 덮치고, 나무나 집을 파괴하며, 이쪽 땅을 들어 저쪽으로 옮겨 놓기도 합니다. 모든 사람들이 그 격류 앞에서는 도망가며, 어떤 방법으로도 제지하지 못하고 굴복하고 맙니다. 그렇다고 해서 평온한 시기에 인간이 제방과 둑을 쌓아 예방조치를 취함으로써, 나중에 강물이 불더라도 수로로 물줄기를 돌려 제방을 넘어오지 못하게 하거나, 아니면 제방을 넘어왔을 때 그 힘을 통제할 수 없다거나 덜 피해가 가도록 할 수 없다는 것을 의미하는 것은 아닙니다. (『군주론』, 25장)

마키아벨리는 운을 강물에 비유한다. 아무런 방비가 없다면 강물이 범람할 때 인간은 그에 저항할 수 없지만 잔잔할 때 미리 둑과 제방을 세워 두면 강물이 범람하는 것을 막거나 그 힘을 상대적으로 약화시킬 수 있는 것처럼, 인간이 대비를 한다면 운의 힘을 상대적으로 통제하는 것이 가능하다는 것이다. 이렇게 예기치 못한 운의 장난에 대한 대비책을 세우고 그것을 실행할 수 있는 자질과 힘을 그는 '역량'(virtù)이라고 일컫는다. 다시 말해 마키아벨리가 말하는 역량의 개념에서 핵심적인 부분은 바로 '운에 대한 통제력'인 것이다.

운의 변동이 만들어 내는 예기치 못한 사태에 성공적인 대비책을 세우고 그것을 실행한 군주는 자신의 정치적 의지를 현실 속에서 실현하지만 그렇지 못한 군주는 결국 자신이 다스리는 국가를 피폐하게 만들거나 자기의 권력을 상실하게 된다. 전자의 경우는 역량 있는 군주이고, 후자의 경우는 역량 없는 군주이다.

마키아벨리의 이러한 생각을 가장 분명하게 보여 주는 부분은 국민군에 대한 그의 강조이다. 마키아벨리는 군주국의 역량을 이루는 핵심 가운데 하나로 군사력을 드는데, 이때 그 군사력은 전문 전쟁집단인 용병이 아니라 자국의 무장한 시민으로 이루어지는 국민군이다. 마키아벨리는 『군주론』에서 시종일관 용병제를 비판하며 국민군제도를 찬양한다. 왜냐하면 "경험에 따르면 자기 군대를 가진 군주와 공화국만이 성공할 수 있으며, 용병은 어떤 것도 성취하지 못하고 오히려 해만 끼칠 뿐"이기 때문이다(『군주론』, 12장).

당시 레그눔 이탈리쿰의 상황을 고려한다면 이는 매우 정확한 지적이라 하지 않을 수 없다. 레그눔 이탈리쿰의 여러 도시들은 경제적·문화적으로 번영하면서 군사제도를 무장한 자국 시민들로 이루어진 국민군제도에서 용병제도로 전환해 갔다. 이는 특히 귀족계급이 도시의 권력을 장악하게 되면서 자신들의 권력을 위협할 수 있는 무장 세력을 없애기 위한 조치이기도 했다. 그들은 국민군제도를 폐지하고 북부 이탈리아 중소 영주들이 대장으로 있는 용병들을 통해서 전쟁을 수행했다.

하지만 용병들은 기본적으로 전쟁을 경제적 활동으로 생각했기 때문에 위험한 전투를 수행하지 않으려는 경향이 강했다. 더욱이 용병제가 북부 이탈리아에서 일반화되면서 이제 도시들 간의 전쟁은 용병들에 의한 대리전의 성격을 강하게 띠게 되었고, 용병들은 적당한 선에서 싸움을 마무리 짓곤 하였다. 그러나 문제는 이탈리아 밖에서 국민군으로 편성된 외국 군대가 쳐들어올 때 발생하였다. 용병들은 목숨을 걸고 외국 군대와 싸우려 하지 않았고 전황이 불리해지면 곧바로 도망치거나 항복해 버렸기 때문에 정작 무력에 의한 국가방위가 절실할 때에는 아무런 도움도 되지 않았던 것이다. 이로 인해 이탈리아는 프랑스나 독일 같은 외국의 준식민지 상태로 전락하게 되었다.

마키아벨리가 보기에 용병이란 근본적으로 군주 자신의 힘이 아니라 타인의 힘이었다. 다시 말해 용병은 군주가 자기 의지대로 활용할 수 없는 자기 외적 힘이었다. 적어도 용병 간의 전쟁이 일반화된 이탈리아 내의 상황에서라면 용병제도가 크게 문제 될 것이 없었지만, 이미 절대왕정을 통해 중앙집권적 국가를 형성하고 자국민으로 형성된 국민군을 갖춘 외국과의 전쟁에서는 용병은 오히려 이탈리아 도시들이 몰락하게 된 원인이 되었던 것이다. 전쟁과 같이 자신의 모든 역량을 투입해서 임해야 하는 투쟁에 자신의 뜻대로 활용할 수 없는 외적 힘인 용병에 의존하는 것은 무능력과 다를 바가 없다고 마키아벨리는 생각했다. 그가 보기에 용병에 의존하여 전쟁을 수행한다는 것은 결국 전쟁을 운에 맡기는 것과 다를 것이 없는 무모한 짓이었던 것이다.

따라서 저는 어떤 군주국이든 자신의 군대를 가지지 못하면 안전할 수 없다고 결론짓겠습니다. 오히려 그러한 군주국은 위기 시에 자신을 방어할 역량이 없기 때문에 전적으로 운명에 의존해야 할 뿐입니다. (『군주론』, 13장)

이렇게 마키아벨리는 운에 의존하는 것이 아니라 자신의 역량에 의존하는 것을 군주에게 가장 필요한 덕목으로 생각했다. 그런데 운이란 그 흐름이 시시각각 급변하는 물결과도 같다. 즉, 인간을 둘러싼 외부적 힘의 작용 방식이란 고정되어 있는 것이 아니고 수시로 변하는 유동적인 것이다. 그래서 운의 물결이 완만하게 흐를 때에 대한 대비책과 급격하게 흐를 때에 대한 대비책이 달라야 하듯 외적 조건의 변화에 따라서 지도자의 실천 방식 역시 달라져야 한다.

어떤 사람이 신중하고 참을성 있게 행동하고 시대와 상황이 그의 처신에 적합한 방향으로 변화하면, 그는 성공할 것입니다. 그러나 시대와 상황이 다시 변화하면, 그는 자신의 방식을 변화시키지 않았기 때문에 실패할 것입니다. (『군주론』, 25장)

군주는 운이라는 물결의 흐름을 적절하게 탈 수 있는 능력을 가진 자이다. 그래서 마키아벨리는 군주가 자신의 정치적 의지를 관철시키는 데 성공하는 경우는 바로 "그들의 행동양식이 그들이 행동하는 상황에 부합"할 때라고 말한다(『군주론』, 25장). 여기서 군주에게 필요한 능력으로 제시되는 것이 바로 시대와 상황의 흐름, 즉 정세를 파악하는 혜안이다. 시대와 상황의 변화에 적응하고 그에 따라 정치적 의지를 실현하기 위한 실천적 전략을 적절하게 변환하는 유연성이 군주에게는 매우 중요한 덕목, 즉 역량인 것이다. 그러한 역량이란 정세의 변화라는, 자신의 의도로부터 벗어나 있는 외적 변수들의 요동에 대한 통제력을 최대한도로 높이는 것을 의미한다.

마키아벨리에게 역량이란 자신에 대하여 외부적 힘이 만드는 변수에 대한 주체의 통제 가능성의 정도에 정확히 비례한다. 그 외부적 힘에 대한 통제 가능성이 높을수록 역량이 있는 것이고, 통제 가능성이 낮을수록 역량이 없는 것이다. 정치가 주체의 권력의지를 현실 속에 구현해 내는 활동이라면 이 활동의 과정에서 외적 변수의 영향력이 적을수록, 그래서 그 과정이 주체의 통제하에 장악되어 있을수록 주체는 자신의 의지에 부합하게 현실을 형성해 갈 수 있을 것이다. 자신의 권력의지를 현실 속에서 구현해 가기 위해서 운의 영향력을 최대한도로 줄이고, 자신의 통제력을 최대한도로 높여 가는 것이 군주에게 필요한 핵심적 역량이다.

그래서 군주는 우연이나 타인의 호의와 힘에 의존하지 말고 철저하게 자신의 힘에 의존해야 한다. 자신이 통제할 수 없는 외적 변수를 최대한 줄여야만 자신의 의지대로 현실을 형성해 갈 수 있는 것이다.

사람은 누군가가 자기를 일으켜 세워 줄 것이라고 기대하고 넘어져서는 안 됩니다. 그러한 일이 일어나건 일어나지 않건 이러한 책략은 당신의 안전을 도모해 주지 못합니다. 게다가 그러한 방어책은 당신의 능력 밖에 있는 것에 의존하기 때문에, 취약하고 비겁한 것입니다. 당신의 주도하에 있고 당신의 역량에 기초한 방어책만이 효과적이고 확실하며 영구적입니다. (『군주론』, 24장)

그렇다면 어떻게 외적 변수를 줄이고 상황을 자신의 통제하에 둘 수 있는 능력을 군주는 갖출 수 있을 것인가? 이것이 『군주론』 전체를 통해 마키아벨리가 탐구하고자 한 주제이다.

켄타우로스로서의 군주

마키아벨리는 군주의 역량을 표상하는 이미지로 켄타우로스를 든다. 상체는 인간이지만 하체는 말인 이 반인반수야말로 군주가 어떤 존재인지를 가장 잘 보여 준다는 것이다. 군주는 자신에 대해 선의를 가진 사람들하고만 살아가는 것은 아니다. 오히려 그에게 적대적이거나 그와 경쟁하는 무수히 많은 적들에게 둘러싸여 있기도 하다. 그러한 조건에서 자신의 의지를 실현하기 위해서 그는 투쟁할 수밖에 없다. 켄타우로스적인 면모는 이 투쟁에서 필수적인 것이다.

싸움에는 두 가지 방법이 있다는 점을 알 필요가 있습니다. 그 하나는 법에 의지하는 것이고, 다른 하나는 힘에 의지하는 것입니다. 첫째 방법은 인간에게 합당한 것이고, 둘째 방법은 짐승에게 합당한 것입니

켄타우로스, 인간의 계기와 야수의 계기

마키아벨리는 운의 힘을 제어하고 활용하기 위해서는 군주에게 역량이 있어야 한다고 누누이 강조하고 있다. 이때 군주의 역량을 표상하는 대표적 이미지가 켄타우로스이다. 반은 인간이고 반은 짐승인 이 존재야말로 군주가 누구인지를 보여 준다는 것이다. 그렇다면 아마도 운명의 여신 포르투나가 끌리는 과감하고 대담한 청년은 바로 이런 켄타우로스적인 남성일 것이다. 포르투나의 연인은 켄타우로스?

다. 그러나 전자로는 많은 경우에 불충분하기 때문에, 후자에 의지해야 합니다. 따라서 군주는 모름지기 짐승의 방법과 인간의 방법을 모두 이용할 줄을 잘 알아야 합니다. (『군주론』, 18장)

고대 신화에 등장하는 많은 영웅들과 군주들이 켄타우로스인 케이론을 스승으로 삼아 군주에게 필요한 역량을 교육받았다는 사례는 이 점에서 시사하는 바가 크다고 마키아벨리는 말한다. 헤라클레스, 테세우스, 아스클레피오스, 이아손, 그리고 아킬레우스 등 그리스 신화에 등장하는 위대한 영웅들과 뛰어난 군주들이 케이론에 의해서 양육되었다. 이 신화가 의미하는 바에 대해 그는 "반인반수를 스승으로 섬겼다는 것은 군주가 이러한 양면적 본성의 사용법을 알 필요가 있다는 점을, 그 중 어느 한쪽을 결여하면 그 지위를 오래 보존할 수 없다는 점을 의미"한다고 말한다(『군주론』, 18장).

인간적인 면모란 자비, 신의, 정직, 경건, 검소, 관대함, 공명정대, 공평무사 등등의 덕목으로서 우리가 흔히 지도자들에게 바라는 모습이다. 그리고 이러한 면모를 갖추는 것이 군주에게는 반드시 필요하다고 마키아벨리는 말한다. 하지만 그는 인간적 면모만으로는 군주가 자신에 대하여 적의를 품고 있는 자들과의 싸움에서 승리하기 어렵고 자신에 대하여 외부적인 힘들을 통제하기도 힘들다고 생각한다. 군주의 주변에는 온갖 권모술수와 계략으로 그를 몰락시키고자 하는 적들이나 경쟁자들이 즐비하고, 군주의 통치하에 있는 대중들 역시 절대적으로 그에게 지지를 보내는 충직한 자들인 것만은 아니기 때문이다. 그래서 마키아벨리는 군주가 인간적인 면모뿐만이 아니라 야수적인 면모도 갖추어야 한다고 충고한다. 적과 싸워서 이기기 위해서는, 변덕이 심한 대중의 지지를 자신에게 묶어 두기 위해서는 야수의 습성을 배울 필요가 있다는 것이다.

그런데 여기서 중요한 것은 그가 켄타우로스라는 이미지로 군주에게 필요한 양면적 모습을 이야기할 때 진정한 강조점은 인간적인 면모보다는 야수적 면모에 있다는 사실이다. 앞에서 언급한 대로 군주에게는 자비, 신의, 관대함 등의 미덕이 필요하다. 그러나 그는 이러한 미덕을 '실제로 갖추는 일'보다는 군주가 그러한 미덕을 '갖추고 있는 것으로 보이는 것'이 더욱 중요하다고 말한다. 심지어 진짜로 그러한 미덕만을 구비하는 것은 오히려 군주에게 위험한 일이다.

그렇기 때문에 군주는 위에서 언급한 모든 성품을 실제로 갖출 필요는 없지만, 갖춘 것처럼 보이는 것은 반드시 필요합니다. 심지어 저는 군주가 그러한 성품을 갖추고 늘 실천에 옮기는 것은 해로운 반면에, 갖춘 것처럼 보이는 것은 유용하다고까지 감히 장담하겠습니다. (『군주론』, 18장)

그가 켄타우로스의 인간적 면모를 말할 때조차 그의 강조점은 그것의 '활용'이라는 측면에 있었다. 뒤에서 보다 상세하게 논의하겠지만, 이는 군주가 처한 상황이 순수한 인간적 면모, 혹은 미덕으로만 자신의 의지를 실현시킬 수 없게 만들기 때문이다. 군주가 통치해야 하는 대중들은 군주의 내면보다는 외양만을 중요하게 생각하고, 군주의 적들은 결코 미덕에 따라서 그와 싸우지 않기 때문이다. 마키아벨리에 따르면 "인간의 상황이란 그러한 성품들을 전적으로 발휘하는 미덕의 삶을 영위하는 것을 용납하지" 않는다(『군주론』, 15장).

그렇기 때문에 마키아벨리가 말하는 켄타우로스란 일차적으로 군주의 야수적 면모를 더욱 강조하기 위해 도입된 이미지이다. 인간적 면모조차 군주가 미덕이라 칭송되는 성품들을 실제로 체화해야 한다는 것이 아니라 그것을 활용할 필요가 있을 때 활용할 줄 알아야 함을 의미하는 것이다. 이것이 켄타우로스가 가르쳐 주는 정치적 테크네이다.

3_사자와 여우, 정치적 테크네의 두 측면

여우와 사자의 결합

그렇다면 그 야수적 면모란 무엇인가? 마키아벨리는 야수적 면모에도 두 가지 측면이 있다고 말한다. 마키아벨리가 인간적 면모와 야수적 면모가 결합된 존재로서 켄타우로스를 들었다면, 그 켄타우로스의 야수적 면모 역시 두 짐승이 결합된 양상을 띤다. 그 두 짐승이란 사자와 여우이다.

> 그렇다면 군주는 짐승의 방법을 잘 이용할 줄 알아야 하는데, 그 중에서도 여우와 사자를 모방해야 합니다. 왜냐하면 사자는 함정에 빠지기 쉽고 여우는 늑대를 물리칠 수 없기 때문입니다. 따라서 함정을 알아차리기 위해서는 여우가 되어야 하고 늑대를 혼내 주려면 사자가 되어야 합니다. (『군주론』, 18장)

이 구절이 잘 보여 주듯이 여우란 명민한 지성을, 사자란 강력한 무력(武力)을 의미한다. 그러나 이 지성과 무력이 항상 공명정대하고 불편부당한 방식으로, 즉 도덕적으로 사용되는 것이 아니라는 점이 중요하다. 마키아벨리가 말하는 야수성이란 기본적으로 도덕적 가치의 세계를 떠난 차원을 일컫는 것이기 때문이다. 여우의 지성이란 도덕적 가치들에 얽매이지 않고 계략을 사용할 수 있는 냉철한 지성을, 사자의 무력이란 필요하다면 적들을 철저하게 짓밟을 수 있는 강력한 폭력을 의미한다.

중요한 것은 이 둘이 결합되는 것이다. 계략을 파악할 수 있는 냉혹한 지성 없이 그저 폭력으로만 자신의 뜻을 관철하려 든다면 적의 술수에 의해 쉽게 곤경에 처하게 될 것이고, 무력의 뒷받침 없이 계략으로만 적을 상대한다면 힘과 힘이 격돌하는 순간에는 필연적으로 패배할 것이기 때문이다. 강력한 무력과 명민한 지성이란 그런 면에서 군주에게 반드시 필요한 역량의 핵심 요소이다. 이 두 측면을 무시하는 군주란 혹독한 투쟁의 장소인 정치 공간에서 결코 자신의 의지를 실현하지 못할 것이다.

이런 맥락에서 도덕적 가치나 종교적 규범은 상대화될 수밖에 없다. 그것은 미덕을 갖춘 인간들로만 이루어진 세상에서나 가능한 정치적 원리일 뿐이다. 군주는 필요하다면 거짓말을 하거나 약속을 저버리고 신의를 파괴하는 짓도 서슴지 말아야 하며, 필요하다면 적들에게 잔인할 정도의 폭력을 사용하는 것도 마다하지 말아야 한다. 반면 대중의 지지를 끌어모으기 위해서는 정직하고 정의롭고 관대한 풍모를 전시함으로써 대중의 호감을 살 만한 외양을 구축하는 이미지의 정치를 할 줄도 알아야 한다. 그런가 하면 대중이 반란을 일으키지 못하도록 철저한 규율로 그들을 다스리는 엄정한 통치자의 면모 또한 필요한 것이다.

여우의 계기

마키아벨리를 가장 악명 높게 만든 요인 중 하나는 그가 정치적 목표를 위해서 권모술수를 마다하지 말아야 한다고 가르쳤다는 것이라 할 수 있다. 다시 한번 말하지만, 이것이 단순한 날조된 이미지만은 아니다. 마키아벨리가 말하는 여우가 바로 이런 권모술수의 표상이기도 한 것은 사실이다. 군주의 여우적 계기는 현실의 정치에서 진실보다는 술책이 더욱 효과가 있다는 사실로부터 도출된다. 비록 "군주가 신의를 지키며 기만책을 쓰지 않고 정직하게 사는 것이 얼마나 칭송받을 만한 일인지는 누구나 알고"(『군주론』, 18장) 있지만, 현실에서 벌어지는 일은 결코 그렇지 않다는 것이 마키아벨리의 생각이다.

> 경험에 따르면 우리 시대에 위대한 업적을 성취한 군주들은 신의를 별로 중시하지 않고 오히려 기만책을 써서 인간을 혼란시키는 데에 능숙한 인물들이라는 것을 알고 있습니다. 그들은 신의를 지키는 자들에게 맞서서 결국에는 승리를 거두었습니다. (『군주론』, 18장)

이는 단지 승리냐 패배냐라는 실용적 차원의 문제로 환원되지 않는다. 가령 1장에서 언급했듯이, 자국을 침공하는 적들은 온갖 책략을 사용하여 공격해 오는데 도덕적 대의명분을 지키기 위하여 정도에 어긋나지 않는 그 어떤 전투 방법도 거절해서 전쟁에 패배한 군주는 과연 옳은 일을 한 것일까? 그 결과 자국의 무수한 국민들이 살육을 당하거나 타국의 노예로 팔리는 사태가 초래되었다면 군주의 '도덕적' 결정은 과연 옳은 것이었을까? 필요하다면 도덕적 가치규범에 어긋나는 기만책을 주도면밀하게 사용할 수도 있어야 한다. 이것이 여우의 계기가 필요한 이유 중 하나이다.

여우의 계기에서 강조되는 기만책 내지는 술책의 중요성은 전쟁과 같은 외부의 적과의 투쟁에만 관련되어 있는 것은 아니다. 마키아벨리는 이 여우적 측면이 내치(內治)의 문제에서도 매우 중요함을 설파한다. 특히 군주가 자신의 신민들과 관계를 맺을 때, 여우적 면모는 매우 중요하다. 마키아벨리는 여기서 군주의 외양에 대한 매우 독특한 정치적 견해를 피력한다.

그[군주―인용자]를 대면하는 사람들에게 그는 지극히 자비롭고 신의가 있으며 정직하고 인간적이며 경건한 것처럼 보여야 합니다. 그리고 그 중에서도 특히 경건한 것처럼 보여야 합니다. 이러한 문제에 관해서 사람들은 일반적으로 손으로 만져 보고 판단하기보다는 눈으로 보고 판단하기 마련입니다. (『군주론』, 18장)

이는 앞에서 켄타우로스의 인간적 면모가 사실은 야수적 면모에 의해서 규정되고 있음을 지적했을 때 이미 언급했던 문제이기도 하다. 미덕을 실제로 갖추는 것이 아니라 그것을 갖춘 것처럼 보이는 것이 중요하다는 것이다. 그러나 앞에서는 그 이유가 자신의 적대자들 때문임을 강조했다면, 여기서는 자신의 지지자 때문에 중요하다는 차이가 있다. 마키아벨리는 『군주론』에서 군주가 권력을 획득하고 유지하며 강화하는 데 대중들의 지지가 가장 중요함을 수차례 역설한다. 그런데 대중들은 그의 구체적인 자질과 면모를 합리적이고 객관적으로 따져 보고, 즉 '손으로 만져 보고' 그에 대한 지지 여부를 결정하지 않는다. 대중들에게 중요한 것은 '외양'이고 그들은 결과에 감명받기 때문이다.

그래서 마키아벨리는 대중들에게 두려움의 대상이 되는 것은 괜찮아도 미움의 대상이 되는 것은 반드시 피해야 한다고 역설한다. 군주는 "위엄, 용기, 진지함, 강건함을 과시"할 수 있어야 하고, "자신에 대해서 그러한 이미지를 제공하는 데에 성공한 군주는 드높은 명성을 누릴 것"이다(『군주론』, 19장). 자신의 이미지를 대중들의 환상에 부합하게 만드는 정치적 테크네, 다시 말해 이데올로기의 정치를 수행할 수 있는 기예가 군주에게 필요한 또 다른 여우의 계기이다.

사자의 계기

사자의 계기에서는 이미 지적했듯이 무엇보다 강력한 무력, 즉 군사력이 중요하다. 군주가 통제할 수 있는 힘으로서의 국민군이 그것이다. 그래야 자신의 권력에 도전해 오는 늑대들을 물리칠 수 있다. 물론 이 늑대가 단지 외국 군대만을 의미하는 것은 아니다. 그 늑대는 자국 내에도 있다. 당시 이탈리아 상황을 보면 정변에 의해서 최고 권력자가 뒤바뀌는 사례가 많았다. 그런 의미에서 국가 내부에서 군주에 반대하고 군주의 자리를 탐내는 이들 역시 그 늑대의 무리에 속해 있는 것이다.

그것이 외부의 적이건 내부의 적이건 적을 상대할 때 군주는 사자의 광포함을 발휘할 필요가 있다. 이와 관련해서 마키아벨리는 무엇보다 어중간한 관용이 위험함을 지적한다. 마키아벨리는 이 문제를 정복한 식민지를 어떻게 통치할 것인가를 다루는 논의 중에 언급한다.

이와 관련하여 여기에서 염두에 두어야 할 것은 인간들이란 다정하게 대해 주거나 아니면 아주 짓밟아 뭉개 버려야 한다는 것입니다. 왜냐하면 인간이란 사소한 피해에 대해서는 보복하려고 들지만, 엄청난 피해에 대해서는 감히 복수할 엄두조차 내지 못하기 때문입니다. 따라서 사람들에게 피해를 주려면 그들의 복수를 두려워할 필요가 없을 정도로 아예 크게 주어야 합니다. (『군주론』, 3장)

이러한 언급에서 알 수 있듯이 마키아벨리가 사자의 계기를 말할 때 그것은 용맹함과 같은 긍정적이기만 한 덕목이라기보다는 토끼한 마리를 사냥할 때도 철저하게 물어 죽이는 사자의 잔혹함이라는 폭력성을 의미한다. 군주는 권력을 유지하고 강화하기 위해서는 적을 제압할 때 저항의 의지를 상실하게 할 만큼 잔혹하게 제압해야 한다. 복수할 생각조차 사라지도록 철저하게 짓밟는 것이 바로 군주에게 필요한 사자의 면모인 것이다.

군주의 이러한 면모는 심지어 자국의 인민들을 향해서도 나타나게 된다. 마키아벨리가 보기에 군주가 내치에 있어서 자신의 권력 기반을 가장 확실하게 다지는 방법은 대중들의 지지를 받는 것, 즉 그들에게 사랑받는 것이다. 하지만 군주는 결코 대중들의 사랑을 받기 위해서 그들에게 휘둘려서는 안 되고, 무법적 상태에 관용을 보여서도 안 된다. 왜냐하면 "너무 자비롭기 때문에 무질서를 방치해서 그 결과 많은 사람이 죽거나 약탈당하게 하는 군주보다 소수의 몇몇을 시범적으로 처벌함으로써 기강을 바로잡는 군주가 실제로는 훨씬 더 자비로운 셈이 될 것"이기 때문이다(『군주론』, 17장).

가장 좋은 방법은 군주가 대중들에게 사랑도 받고 동시에 두려움도 받는 것이지만, 그것이 현실적으로 여의치 않다면 차라리 두려움을 받는 것이 훨씬 더 필요하다고 그는 말한다. 군주가 대중들에게 공포감을 심어 주어야 할 때는 사자와 같은 잔혹함과 위엄으로 확실하게 공포감을 심어 주어야 한다는 것이다.

그러나 마키아벨리가 말하는 군주의 사자적 계기가 폭력을 앞세운 공포정치나 폭력의 무절제한 사용을 의미하는 것은 아니라는 점이 중요하다. 마키아벨리는 군주가 정념에 사로잡혀서 그의 수중에 집결된 폭력을 과도하게 휘둘러서는 안 된다고 말한다. 외부의 적을 섬멸하기 위해서건 내부의 질서를 구축하기 위해서건 군주가 폭력을 사용할 때는 분명한 원칙을 가지고 규제적으로 사용할 수 있어야 한다는 것이다. 역사를 살펴보면 잔혹한 폭력을 휘두른 어떤 군주는 결국 저항에 직면하여 몰락하였는가 하면, 어떤 군주는 그러한 폭력의 사용에도 불구하고 권력을 잘 유지하였음을 알 수 있다고 그는 말한다. 무엇이 이러한 차이를 낳았는가?

저는 이러한 차이가 잔인한 조치들이 잘 이루어졌는가 또는 잘못 이루어졌는가에 따라서 좌우된다고 믿습니다. 그러한 조치들이 잘 이루어졌다는 것은(나쁜 일에도 '잘'이라는 단어를 사용할 수 있다면) 자신의 안전을 위해서 어쩔 수 없이 일거에 모두 저질러진 것을 말하며, 연후에는 지속되지 않고 자신의 신민들에게 가능한 한 유익한 조치로 바꾼다는 것을 말합니다. 잔인한 조치들이 잘못 이루어졌다는 것은 처음에는 빈도가 낮았으나, 시간이 흐를수록 감소하기보다는 증가하는 경우에 해당합니다. 첫번째 방법을 따르는 군주들은 …… 신과 인간 앞에서 자신의 상황을 호전시킬 수 있는 몇몇 수단을 발견할 수 있습니다. 그러나 두번째 방법을 따르는 군주들은 자신들의 권력을 유지할 수 없습니다. (『군주론』, 제8장)

마키아벨리는 군주의 권력 행사를 위해서 폭력이 매우 중요한 요소임을 강조하지만 그것은 철저하게 통제되어 사용되어야 한다고 말하는 것이다. 폭력이 사용되어야 한다면 적절한 시기에 적합한 양만

어머니를 죽이고 회한에 사로잡힌 네로

언젠가 프랑스의 철학자 미셸 푸코는 군주 권력의 근본적 성격은 "죽게 만들고, 살게 내버려 둔다"는 정식으로 요약될 수 있다고 말한 적이 있다. 다시 말해, 군주 권력의 핵심은 '생사여탈권'에 있다는 것이다. 타인의 생명을 죽일 수 있는 권력이라는 점에서 군주의 권력은 정말로 강력한 것이다. 하지만 이 강력한 권력을 유지하고자 한다면 군주는 오히려 그 권력을 결코 손쉽게 사용해서는 안 된다. 역사상 수많은 군주들이 자신의 정념에 따라 권력을 휘두르다 오히려 권력을 잃거나 죽임을 당하였다. 이복동생, 친어머니, 아내를 살해하고 수많은 기독교도들을 학살한 네로 황제, 검투를 즐겨 1만 2천여 명의 검투사를 살해했다고 전해지는 콤모두스 황제 등의 비참한 말로가 이를 잘 보여 준다. 사자와 같은 강한 힘을 갖춘 권력은 언제나 여우의 냉철한 지성에 의해 규제적으로 사용되어야만 하는 것이다. 그림은 워터하우스가 1878년에 그린 네로 황제.

큼 사용되어야 한다. 만약 군주가 폭력의 사용을 권력 유지의 핵심적 수단으로 삼고 인민들에 대한 폭력에만 의존하기 시작하면 결국 그는 권력을 유지할 수 없게 된다. 뒤에 보다 자세하게 논의하겠지만 마키아벨리는 인민의 지지와 동의야말로 군주의 권력이 뿌리내릴 수 있는 가장 확실한 기반이라고 생각했다. 그런데 인민에 대하여 행사되는 폭력이 증가되고 지속된다면 인민은 군주를 결코 지지하지 않을 것이다. 그러므로 결코 군주는 통치에 있어서 폭력적 수단에만 의존해서는 안 되고, 폭력을 사용한다면 필요에 따라서 적절하게 사용해야 한다. 그렇다면 우리는 사자적 폭력조차 여우적 지성의 한계 내에서 적합하게 사용되어야 한다는 것을 알 수 있다. 즉 폭력의 규제적 사용이 필요한 것이다.

이상의 것이 마키아벨리가 말하는 야수로서의 군주가 가지는 면모들이며, 그가 자신의 정치적 목적을 실현하기 위해서 갖추어야 하는 테크네의 실체이다. 그리고 이는 매우 현실적일 뿐만 아니라 매우 비정한 것이기도 하다. 마키아벨리를 단순하게 비도덕적이라고 비난하지 않고 그의 저작에서 어떤 해방적 가능성을 발견하기 위해 『군주론』을 읽는다고 할 때조차, 우리는 이 비정성에 대해 눈감아선 안 된다. 단순한 비난만큼이나 단순한 상찬 역시 경계해야 할 필요가 있다. 마키아벨리와 저 냉혹한 권력 기술론을 정면으로 마주하며 우리는 물어야 한다. 이러한 마키아벨리로부터 무엇을 배울 수 있을 것인가를.

4 _ 역사의 지체와 군주

1843년 스물네 살의 맑스는 『라인신문』 편집장을 그만두고 파리에 머물며 자신의 헤겔 연구 혹은 비판을 총정리하는 작업을 시작한다. 그 작업은 결국 완성되지 못했지만, 이 저작의 서문은 1844년 『독불 연보』에 발표된다. 이 글이 그 유명한 「헤겔 법철학의 비판을 위하여 서설」이다. 이 글은 여러모로 흥미로운 논의들을 담고 있지만, 맑스 사상의 발전 궤적이라는 차원에서 보자면 맑스가 최초로 프롤레타리 아트를 언급한 텍스트라는 점에서 중요한 의미를 가진다. 맑스가 헤 겔의 영향력과 단절하고 공산주의자로서 자신의 입장을 확고히 한 시점, 즉 프롤레타리아트를 혁명의 주체로 설정한 최초의 순간이 이 글에 드러나 있다는 것이다. 그런데 우리의 맥락에서 주목해야 할 지 점은 그 프롤레타리아가 '독일' 혁명이라는 문제 설정 가운데서 나타 나고 있다는 데 있다.

맑스는 이 글에서 독일의 후진성에 대해서 누차 강조하고 있다. 독일에서 미래에 달성해야 할 과제로 제시되는 것은 이미 영국이나 프랑스에서는 극복해야 할 과거의 유제로 제시되고 있다. 그나마 독일이 세계사의 동시성에 도달한 것은 철학에서일 뿐인데, 이는 역으로 현실의 독일이 철저하게 세계사의 동시성에 도달하지 못한 채 뒤처져 있다는 것을 반증할 뿐이라고 맑스는 말한다. 독일에서 역사는 지체되고 있다! 그런데 이 독일의 후진성, 독일에서의 역사의 지체를 일거에 극복할 길이 있다고 맑스는 말한다. 그것은 '총체적 사회혁명'이다. 부분적 개혁으로 독일의 후진성을 극복하는 것은 불가능하다. 독일 사회를 근본적으로 뒤집어엎지 않고서는 독일에서 역사의 지체를 일으키는 근본적 원인을 제거할 수 없다는 것이다. 그리고 그는 독일에서 역사의 지체를 극복할 사회혁명의 주체를 프롤레타리아트로 제시한다. 맑스는 묻는다. "그러면 독일 해방의 적극적 가능성은 어디에 있는가?"

[그 가능성은] 뿌리 깊은 굴레에 얽매여 있는 한 계급, 결코 시민사회의 계급이 아닌 시민사회의 한 계급, 모든 신분들의 해체인 한 신분, 자신의 보편적 고통 때문에 보편적 성격을 지니고 있고 특수한 부당함이 아니라 부당함 그 자체가 그들에게 자행되기 때문에 어떤 특수한 권리도 요구하지 않는 한 영역, 더 이상 역사적 권원(權原)을 증거 삼을 수 없고 단지 인간적 권원만을 증거 삼을 수 있는 한 영역, 독일 국가제도의 귀결들과 일면적으로 대립하고 있는 것이 아니라 그 전제들과 전면적으로 대립하고 있는 한 영역, 마지막으로 사회의 다른 모든 영역들로부터 자신을 해방시키고 그리하여 사회의 다른 모든 영역들을 해방시키지 않고는 해방될 수 없는 한 영역, 한마디로 말하면 인간의 완전

역사적 주체로서의 프롤레타리아트

원래 프롤레타리아라는 말은 로마 시대에 국가에 공헌할 것이라고는 자식(proles)밖에 없는 자들이라고 불리던 가난한 이들의 명칭인 프롤레타리우스(proletarius)에서 온 말이다. 그들은 무기력한 자들이요 사회를 좀먹는 골칫거리로 여겨졌다. 아니면 기껏해야 동정과 시혜의 대상이었을 뿐이다. 그런데 맑스는 그러한 존재들에서 역사를 움직이는 역사적 주체의 모습을 발견한다. 늘 자기 분수에 만족할 줄 모르는 위험한 자들이라고 평가되던 물티투도(multitudo)가 국가를 유지하고 확장하는 일에서 군주 못지않은 업적을 성취할 수 있는 역량을 가진 존재라고 강변하는 마키아벨리의 생각은 그런 면에서 프롤레타리아에 대한 맑스의 사상과 공명하는 부분이 있다. 그림은 물가 폭등에 항의하여 봉기한 파리의 프롤레타리아 혹은 멀티튜드의 모습.

한 상실이고 따라서 인간의 완전한 되찾음에 의해서만 자기 자신을 찾을 수 있는 한 영역의 형성에 [있다]. 하나의 특수한 신분으로서의 사회의 이와 같은 해체는 [바로] 프롤레타리아트이다. (맑스, 「헤겔 법철학의 비판을 위하여 서설」, 14쪽)

맑스에게서 프롤레타리아트는 독일 역사의 총체적 지체를 총체적으로 극복하는 역사적 주체였다. 독일이 자신의 낙후성을 극복하고 영국이나 프랑스가 도달한 세계사적 수준에 이르기 위해서 필요한 것은 프롤레타리아트라는 역사적 주체, 역사를 다시 움직이도록 만들 주체의 **형성**이었다. 이미 역사적인 수명을 다한 봉건적 유제가 독일에서 역사적 시간의 전진을 방해하는 상황에서 독일의 후진적 상황을 철저하게 규정하고 있는 이 지체를 근본적으로 뛰어넘을 수 있는 계기는 프롤레타리아트를 형성하는 것에 달려 있다는 것이다.

16세기 마키아벨리가 살던 이탈리아에서도 어느 때부터인가 역사의 시간이 흐르지 않았다. 알프스 너머의 국가들은 정치체제가 봉건제에서 중앙집권적인 절대왕정으로 변화하기 시작했는데 유독 피렌체를 비롯한 북부 이탈리아는 봉건제적 도시국가 형태를 넘어서지 못하고 있었다. 이탈리아에서도 역사의 지체가 발생했던 것이다. 그리고 그 결과 문화적으로나 경제적으로 번영하였던 북부 이탈리아의 도시들은 어느넛 절대왕성국가들에 의해 유린낭하고 있었다.

마키아벨리가 고민한 것은 어쩌면 이탈리아에서 다시 역사의 시간이 흐르게 하는 방법에 관한 것이었는지도 모르겠다. 그러기 위해서 필요한 것은 단숨에 이 역사의 지체를 뛰어넘게 하는 어떤 행동이었다. 그리고 그 행동을 적극적으로 수행하는 역사운동의 동인, 역사적 주체가 필요했을 것이다. 그 역사운동의 주체가 마키아벨리에게는 군주이지 않았을까? 역사가 지체된 19세기 독일에서 맑스가 프롤레타리아트를 역사운동의 주체로 발견한 것처럼, 마키아벨리는 역사가 지체된 16세기 이탈리아에서 군주를 역사운동의 주체로 발견했던 것은 아닐까? 맑스에게 역사의 시간을 다시 흐르게 하기 위해서 프롤레타리아트의 무자비한 현실 비판(즉, 혁명)이 필요했던 것처럼, 마키아벨리에게는 역사의 시간을 다시 흐르게 하기 위해서 군주의 무자비한 통일전쟁이 필요했던 것은 아닐까? 마키아벨리는 이탈리아에서 멈춰진 역사의 시간을 다시 운동하게 할 역사적 주체로서 군주의 출현을 고대하며 페트라르카의 『나의 이탈리아』로부터 한 구절을 인용하며 『군주론』을 이렇게 끝맺는다.

> 용맹(virtù)은 광포한 공격에 대항하여
> 무기를 들 것이다.
> 전투는 짧을 것이니,
> 이탈리아인의 가슴에 조상들의 용맹이
> 아직 살아 있기 때문이다.

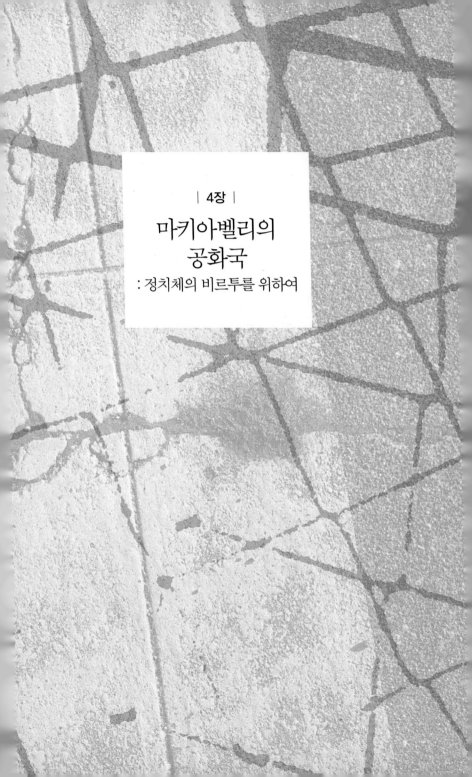

| 4장 |

마키아벨리의
공화국

: 정치체의 비르투를 위하여

1_두 얼굴의 마키아벨리

많은 경우 어떤 사상가에 대한 일반적인 통념은 항상 특정한 방식의 오해를 전제한 것인 경우가 많다. 가령 권력의지를 강조하고 귀족의 도덕을 예찬하는 니체를 향하여 붙은 딱지는 귀족주의자, 심지어 나치의 사상적 예비자였다. 하지만 오늘날 우리는 니체가 말하는 귀족이 신분질서상의 귀족이 아님을 잘 알고 있다. 그는 기존의 가치에 종속되어 새로운 삶을 위한 가치를 창출할 의미를 상실한 자들을 노예라고 불렀다.

그런데 아이러니한 것은 그렇게 오해받는 니체가 '노예의 도덕'을 대표하는 인물로 지목한 사도 바울 역시 그러한 오해의 희생자라는 것이다. 가령 프랑스의 현대철학자 알랭 바디우는 오히려 바울의 사상이 니체의 사유와 통하는 지점이 많다고 지적한다. 니체가 인간을 극복한 새로운 존재를 갈망한 것과 같이 바울 역시 그리스도인이라는 새로운 주체의 필요성을 주창했다는 것이다. 바디우는 니체의 바울 비판을 다음과 같이 총괄한다. "니체가 바울에게 그토록 난폭했던 것은 바울이 단지 그의 적이라기보다는 경쟁자였기 때문이다. 그리하여 그는 바울이 예수를 '왜곡'한 것만큼──그보다 더했다고는 할 수 없을지 몰라도──바울을 '왜곡'한다"(바디우, 『사도 바울』, 120~121쪽).

물론 이러한 오해들이 완전히 날조된 이미지라고는 할 수 없는 지점들이 그 사상가들에게 있는 것 역시 분명한 사실이다. 그러나 언제나 오해란 반쪽 진실이다. 중요한 것은 어느 사상가를 이해할 때 손쉽게 부각되는 일면이 아니라 면밀하게 읽어야 하는 그의 전모이다.

마키아벨리 역시 그에 대한 무수한 일면적 오해에 의해 그 전모가 잘 드러나지 않는 사상가 가운데 한 사람일 것이다. 그러한 오해 중의 하나가 그가 절대군주제에 대한 지지자이며 철저하게 일인 절대권력을 신봉하고 추구한 군주정의 이데올로그라는 이미지이다. 물론 이러한 통념 역시 분명 마키아벨리의 일면에서 비롯된 것이기는 하다. 하지만 마키아벨리가 강력한 군주의 필요성을 주장하고 그에게 요구되는 정치적 덕목을 기술하였다는 사실이 곧 그가 절대권력을 소유한 일인 군주의 이익을 옹호하였다는 결론으로 이어지는 것은 아니다.

그가 당대 이탈리아의 상황에서 절대군주제를 지지한 것은 결코 군주의 사적 이익을 지지하기 위함이 아니다. 마키아벨리는 군주의 절대권력과 군주의 사적 이익을 분리시킨다. 오히려 마키아벨리는 군주가 자신에게 부여된 절대권력을 사유화하는 것을 철저하게 경계한다.

군주는 이미 앞에서 부분적으로 설명한 것처럼, 그 자신이 미움을 받거나 경멸을 받는 일은 무엇이든지 삼가야 한다는 것입니다. …… 다른 무엇보다도 군주가 미움의 대상이 되는 것은, 제가 말한 대로, 탐욕적이어서 서민들의 재산과 부녀자를 강탈하는 것입니다. 이런 짓만은 피해야 합니다. (『군주론』, 19장)

마키아벨리가 강력한 권력을 소유한 군주를 자신의 이상적인 정치적 주체로 그리고 있다고 해서 군주가 자신의 마음대로 그 권력을 휘둘러도 좋다고 주장하지는 않았다. 다시 말해 군주의 사적인 이익과 탐욕을 충족시키기 위해서 그 권력을 사사로이 남용해도 좋다는 주장을 한 것이 아니었다는 말이다. 군주는 어떠한 경우에도 인민의 평범한 삶을 파괴해서는 안 된다고 마키아벨리는 이야기한다. 오히려 군주는 자신의 권력으로 인민의 삶이 더욱 윤택해지도록 만들어야 한다.

군주는 또한 자신이 재능이 있는 자를 아끼고 어떤 기예 분야에서 뛰어난 자를 우대한다는 점을 보여 재능의 예우자임을 과시해야 합니다. 더욱이 그는 시민이 안심하고 상업, 농업 및 기타 분야에서 통상적인 생업에 종사하도록 권장해야 하며 이를 위해서 사람들이 빼앗길까봐 두려워 자신의 재산을 늘리거나 그 가치를 개선하는 것을 주저하지 않도록 하고, 부과될 세금이 두려워서 상업을 시작하는 것을 망설이지 않도록 해야 합니다. (『군주론』, 21장)

적어도 마키아벨리가 『군주론』에서 제시하고 있는 강력한 군주, 혹은 절대군주의 덕목(virtù)에는 권력의 자의적 사용은 포함되어 있지 않다. 군주에게 강한 권력이 부여되어야 하는 이유는 자신의 탐욕을 보장하기 위함이 아니라 인민의 안정된 삶을 보장하기 위함이다. 이런 맥락에서 『군주론』이 그려 내고 있는 절대군주의 권력은 군주 자신을 위한 것이 아니라 인민을 위한 것이라고 할 수 있다.

하지만 『군주론』의 마키아벨리에게 있어서 정치적 세계에서 주인공이 여전히 군주인 것처럼 보이는 것은 사실이다. 즉 인민은 군주의 보호 아래에 있는 '대상'이지 정치적 세계를 자신의 의지대로 창조해 가는 적극적인 '주체'는 아닌 것이다. 비록 그가 권력을 사유화하는 '나쁜 군주'에는 반대했을지라도 여전히 정치의 적극적 주체를 인민의 삶을 위해 활동하는 군주로 규정하고 있으며, 그런 의미에서 마키아벨리는 군주정의 옹호자인 것은 분명한 사실이 아닐까?

『군주론』의 견지에서 보면 마키아벨리가 역량 있는 정치적 주체로서, 정치세계의 주인공으로서 군주를 제시하고 있다는 점은 명백한 사실이다. 하지만 그의 또 다른 주저 『로마사논고』에 이르게 되면 마키아벨리는 전혀 다른 면모를 보여 준다. 이 책에서 그는 인민이 정치적 주체가 되는 공화정의 강력한 지지자로 돌변한다. 마키아벨리는 이 책에서 도시(국가)를 잘 건설하기 위해서는 결국 군주정체가 포기되어야 한다고 말한다(『로마사논고』, 1권 10장). 왜냐하면 절대적인 권력은 결국 국가의 기초가 되는 인민들의 자유를 박탈하고 그들을 부패시키기 때문이다.

로마인들의 프랑스 혁명?

서양 정치사상의 역사에서 로마 공화정은 인민의 자유를 상징하는 정체였다. 위의 사진은 프랑스 파리 개선문에 기둥에 새겨진 '라 마르세예즈'라는 조각으로서 오스트리아의 침공에 맞서 프랑스 혁명 방어에 나섰던 의용군을 묘사한 것인데, 이들이 로마 군대의 형상으로 표현되어 있다는 사실은 로마에 대한 서양인의 이와 같은 이해를 잘 보여 주고 있다.

맑스 역시 프랑스 혁명에 대해 논하며 다음과 같이 쓴 바 있다. "모든 죽은 세대들의 전통은 마치 꿈속의 악마처럼, 살아 있는 세대들의 머리를 짓누른다. 그리고 살아 있는 세대들이 자기 자신과 사물을 변혁하고 지금껏 존재한 적이 없는 무언가를 만들어 내는 데 몰두하고 있는 것처럼 보이는 바로 그때, 바로 그러한 혁명적 위기의 시기에, 그들은 노심초사하며 과거의 망령들을 주문으로 불러내어 자신에게 봉사케 하고, 그들에게서 이름과 전투 구호와 의상을 빌린다. 그러고는 이 유서 깊은 분장과 차용한 대사로 세계사의 새로운 장면을 연출한다. 그리하여 루터는 사도 바울로 분장하였으며, 1789~1814년 혁명들은 로마 공화국과 로마 제국의 장식을 번갈아 가며 몸에 걸쳤다"(「루이 보나파르트의 브뤼메르 18일」, 287쪽).

아무런 제약도 받지 않는 권한이 실재한다면 질료[즉 인민—인용자]
가 전혀 부패되어 있지 않다 해도 아무런 도움이 되지 않는다. 왜냐하
면 절대적인 권한은 단시일 내에 질료를 타락시키고, 자신의 지지자와
당파를 만들어 내기 때문이다. 또한 절대적 권한을 지닌 자는 예컨대
가난하거나 친척이 없다고 해서 지장을 받지 않는다. 왜냐하면 재부
(財富)도 그 밖의 다른 이권도 권력만 있으면 순식간에 저절로 굴러 들
어오는 것이기 때문이다. (『로마사논고』, 1권 35장)

『군주론』의 집필을 끝내고 5년 후 완성된 『로마사논고』에서 마키
아벨리는 국가가 제대로 건설되기 위해서 군주정은 폐지되어야 한다
고 주장하며, 절대권력을 국가의 질료인 인민을 부패시키는 위험요
소로 경계하고 있다. 대신 이 책에서 그는 정치의 진정한 주체를 인민
혹은 다중(multitudo)으로 제시한다.

인민이 권력을 장악하고 있는 도시는 단시일 내에 엄청나게 성장하며,
군주가 계속 통치하는 도시보다 훨씬 많이 성장한다. 왕을 축출한 후
로마가 그랬고, 페이시스트라토스의 참주정치로부터 해방된 아테네
가 그랬다. 이는 인민에 의한 정부가 군주에 의한 정부보다 낫다는 사
실에 기인한다. (『로마사논고』, 1권 58장)

이렇게 『로마사논고』에서의 마키아벨리는 『군주론』에서의 마키
아벨리와는 사뭇 다른 정치적 입장을 견지하는 것처럼 보인다. 철저

하게 강력한 군주의 통치가 필요함을 주장하던 그가 오히려 절대군주가 국가를 위태롭게 만들며 인민에 의한 정부, 즉 공화정 정부가 더욱 강력하고 활력 있는 정부라고 주장하고 있지 않은가! 그렇다면 마키아벨리는 진짜 입장은 도대체 무엇일까? 『군주론』이 마키아벨리 정치사상의 본령인 것인가, 아니면 『로마사논고』가 그의 핵심적인 정치이론인 것인가?

2_군주의 계기와 인민의 계기

군주론과 로마사논고, 혹은 마키아벨리의 인식론적 단절?

집필 시기순으로 보자면 『군주론』이 『로마사논고』에 앞선다. 『군주
론』이 1513년에, 『로마사논고』가 1518년경에 저술된 것으로 연구자
들은 파악하고 있다. 이렇게 집필 순서를 중심으로 고려했을 때, 『군
주론』의 입장은 『로마사논고』의 입장에 의해서 수정된 것으로 보인
다. 즉, 『군주론』을 쓸 때에는 절대군주정을 옹호했지만 시간이 지나
면서 그의 입장이 공화정 지지로 변화되었고, 그러한 생각의 변화가
『로마사논고』에서 분명하게 드러났다는 논리이다. 다시 말해, 두 저
작 사이에는 일종의 '인식론적 단절'이 있다고 볼 수 있다는 것이다.

이러한 해석에 일리가 없는 것은 아니지만 『로마사논고』에서도
『군주론』의 주제가 연속되고 있다는 점을 염두에 둔다면 두 저작 사
이에 어떤 근본적인 인식론적 단절이 있다고 보기에는 어렵다. 명시
적으로 공화정을 옹호하고 있는 『로마사논고』에서도 마키아벨리는
다음과 같이 말한다.

세습에 의해 지위를 얻은 사람들을 제외한다면, 비천한 운명을 타고난 사람이 실력에 더하여 또한 속임수를 사용하지 않고 지위에 오른다는 것은 불가능하거나 매우 드물다는 견해에 대해 나는 전적으로 옳다고 확신하는 바이다. …… 실력만으로 충분하지 않은 경우가 많은 데 반해, 속임수만으로는 그 목적을 달성하는 경우가 많다고 확신하는 바이다. …… 그러한 행위로부터 도출할 수 있는 결론은 바로 위대한 일을 수행하고자 희망하는 군주라면 상대를 속이는 법을 배워야 한다는 것이다. (『로마사논고』, 2권 13장)

이 인용문이 보여 주는 바와 같이 정치적 의지를 실현하기 위해서 정치가는 대의명분에 구애됨 없이 비도덕적인 행동도 서슴없이 수행해야 한다는 『군주론』의 시각이 『로마사논고』에서도 여전히 유지되고 있다. 또한 『로마사논고』가 분명 공화정을 옹호하고 있지만, 군주에게 필요한 무수한 덕목이 인민이 지배하는 공화정 정부에도 여전히 필요한 것으로 제시되고 있다(『로마사논고』, 2권 13장). 그렇다면 이 두 저작 사이에서 정치의 본성을 바라보는 그의 관점에 어떤 단절이 일어났다고 보기는 어렵다.

마키아벨리 정치학의 두 계기: 국가의 창건, 국가의 지속

하지만 마키아벨리가 『로마사논고』에서는 『군주론』과 달리 군주정이 아닌 공화정을 좋은 정체로 지지하고 있음 역시 사실이다. 『로마사논고』에서도 정치적 세계를 바라보는 관점의 동일성은 지속되고 있지만 그 정치적 분석의 대상은 달라진 것이다. 즉,『로마사논고』에서 군주정은 더 이상 일차적 분석 대상이 아니다. 그 핵심 대상은 공화정이다. 군주정은 공화정을 중심으로 한 논의 속에서 부가적으로 출현하고 있다. 이러한 대상의 변화는 무엇을 의미하는 것일까? 이는 『로마사논고』의 문제 설정이『군주론』의 문제 설정과 달라졌음을 보여 주는 것이다.『군주론』의 문제 설정은 당대의 이탈리아 상황을 극복하기 위해 필요한 '수단'으로서 강력한 권력을 갖춘 역량 있는 '군주'를 제시하는 데 있었다. 반면『로마사논고』는 그 상황을 극복하고 이탈리아가 마침내 도달해야 할 최종 상태, 즉 정치적 실천이 지향하는 최종 '목적'으로 '공화정'을 제시하고자 하는 것으로 보인다.

여기서 마키아벨리가 건국의 계기와 지속의 계기를 구별하고 있다는 점이 중요하다. 마키아벨리에 따르면 새로운 국가를 창건하는 일은 권력이 집중된 개인, 즉 군주에게 적합한 일이다. 건국의 기획에서는 군주의 계기가 핵심적인 것이다.

일반론으로 우리는 이 점을 받아들여야 한다. 즉 한 인물에 의해 조직되지 않는다면, 어떤 공화국이나 왕국도 처음부터 잘 조직되거나 예전의 제도들을 고려하지 않은 채 철저히 개혁되는 경우란 거의 없거나 결코 없다는 점이다. 게다가 오식 한 인물만이 그러한 방법을 두모할 수 있고 그의 마음으로부터 모든 그러한 개혁이 일어나게 된다는 점은 필연적이다. (『로마사논고』, 1권 9장)

하지만 국가를 안정적이고 활력 있게 유지하는 일은 인민의 적극적인 정치활동을 통해서만 가능하게 된다. 인민의 광범위한 정치적 참여가 국가를 지속시키는 힘이라는 것이다. 이렇게 마키아벨리는 『로마사논고』에서 자신이 주목하는 정치적 주체의 형상을 군주로부터 인민으로 옮기고 있다. 그리고 이는 무엇보다 지속될 수 있는 정치체의 근간을 규명하는 작업과 관련된다.

> 국가의 건국에는 단지 한 인물이 적합하다 해도, 일단 조직된 정부는 그것을 유지하는 부담이 단지 한 사람의 어깨에만 걸려 있다면 오래 지속될 수 없다. 그러나 정부를 많은 사람들이 보살피게 될 때, 즉 그 유지가 많은 사람의 책임에 내맡겨질 때, 그것은 실로 오래 지속된다. (『로마사논고』, 1권 9장)

마키아벨리는 국가의 건국은 한 사람의 역량, 보다 정확히 말하자면 한 사람에게 집중된 역량에 의해서 실현되는 것이지만, 그것의 유지는 여러 사람들의 상호 결합된 역량을 통해서 가능하다고 말하고 있는 것이다. 일단 국가가 성립되고 나서 필요한 것이 "이미 조직된 사물을 보존하는 데 우월"한 인민들의 역량이고, 이러한 인민들의 결합된 역량은 "의심할 여지없이 공동체를 창업한 사람들만큼이나 영광스런 업적을 성취한다"(『로마사논고』, 1권 58장).

권력을 자신에게 집중시킨 일인 군주가 국가를 창건하는 데 적합하다는 마키아벨리의 언명은 그가 왜 『군주론』을 집필하여야 했는가를 명확하게 보여 준다. 그것은 아직 이탈리아에 통일된 근대적 국가가 없다는 사실에 기초한다. 마키아벨리가 『군주론』에서 여러 유형의 군주국을 다루면서도 특히 신생 군주국을 강조하는 이유도 여기에 있다. 이탈리아에 부재한 새로운 국가, 통일된 근대적 국가를 창건하기 위해서는 이탈리아에 새로운 군주가 필요하였고, 사분오열된 이탈리아를 통일하여 하나의 국가를 창건하기 위해서 그 군주에게는 모든 권력을 장악하고 자신의 의지에 맞서는 적대적 의지들과 투쟁하여 승리할 수 있는 역량(virtù)이 필요했던 것이다.

그런데 여기서 문제는 단지 없던 것, 즉 통일된 국가를 창건하는 문제에 국한되지 않는다. 마키아벨리는 『군주론』을 집필하면서 지금 이탈리아의 상황은 아무것도 없는 상황, 즉 절대적 무의 상태가 아니라 국가의 질료인 인민들이 심하게 부패한 상황이라는 생각을 하고 있었다. 이러한 마키아벨리의 자기 시대 인식은 서양 정치사상사에서 지속되는 '정체들의 이중성론'이라는 이론적 배경 속에서 이해되어야 한다.

이미 플라톤과 아리스토텔레스가 보여 주었고, 그리스 아카이아 출신의 로마 역사가 폴리비오스나 마키아벨리가 참조하고 있는 티투스 리비우스도 견지하고 있는 입장에 따르면 어떤 정체에는 그것의 좋은 형태와 나쁜 형태가 있다. 일인 지배가 좋은 형태일 때에는 군주정으로 불리며 나쁜 형태일 때에는 참주정으로 불리고, 소수 지배의 경우에는 좋은 귀족정과 나쁜 과두정, 다수의 지배의 경우에는 민주정과 중우정(혹은 무정부)이라 불린다.

마키아벨리 역시 어떤 정체의 건강함은 결코 영원하지 않다고 생각했다. 한 정체가 뛰어난 지도자와 덕이 있는 인민들에 의해 시작되어 좋은 법률과 제도 그리고 문화를 갖춘 채, 다시 말해 활력을 갖춘 채 출발하였다고 할지라도 그 정체의 활력은 결코 영원히 지속되지 않는다고 그는 생각했다. 마키아벨리에 따르면 국가의 활력은 시간에 의해 촉발되는 부패를 견디지 못하는 것이다.

부패는 기존의 정부 형태를 더 이상 기능하지 못하게 하고 정체의 위기를 불러온다. 이러한 위기를 해결하기 위해서는 쇄신이 필요하며 그 결과 새로운 정부 형태가 도입된다. 그러나 또 시간이 지나면 이 정부 형태하에서도 부패가 발생하여 다시 쇄신이 필요하게 되고 그로 인해 정부 형태의 변화가 필요하게 된다.

마키아벨리는 이와 같은 정체의 순환을 군주정, 귀족정, 민주정이라는 세 가지 정부 형태의 순환으로 파악하였다. 여기서 유의할 것은 이 순환이 계속된다는 것이다. 군주정의 활력이 부패하면 참주정(독재)으로 변화하게 되고, 참주정을 쇄신하기 위해서 귀족정이 도입된다. 그러나 또다시 시간이 지나면 귀족정은 과두정으로 부패하게 되고, 민주정에 의해 대체되어야 한다. 그리고 민주정이 부패함에 따라 그것은 무정부상태로 변하게 된다. 그러면 그것은 다시 군주정에 의해 쇄신되어야 하고, 이 과정은 계속되는 것이다.

[좋은 정부의] 각각은 그것과 연관된 것[나쁜 정부 형태]과 너무 유사해서 한 형태에서 다른 형태로 쉽게 변형된다. 곧 군주정은 참주정으로

쉽게 변하고, 귀족정에서 과두정으로의 이행은 손쉬우며, 민주정은 어렵지 않게 무정부상태로 변질된다. 그러므로 공동체를 조직하는 자가 처음의 세 가지 형태 중 어느 하나를 세운다면, 그는 단지 일시적으로 지속되는 데 불과한 정부 형태를 세우는 셈이 된다. 왜냐하면 그 경우에 덕이 악덕과 공존하기 때문에 어떤 대비책을 세워도 좋은 정부 형태가 그 반대 형태로 변형되는 것을 도저히 막을 수 없기 때문이다. (『로마사논고』, 1권 2장)

그러므로 마키아벨리의 정부 형태 순환론에서 뒤에 오는 정부 형태는 그 앞의 정부 형태보다 더 완전하거나 진화한 것이 아니라 다만 새로운 것일 뿐이다. 군주정, 귀족정, 민주정은 각각의 미덕(virtù)을 갖추고 있으나 동시에 그 각각은 참주정, 과두정, 무정부로 변질될 수 있는 고유의 악덕(vice) 역시 내재하고 있다.

이 지점에서 우리는 마키아벨리가 '군주'라는 강력한 지도자를 이야기하는 맥락을 확인할 필요가 있다. 그는 강력한 군주란 근본적으로 국가가 부패한 시기, 그래서 쇄신이 필요한 시기에 필요한 지도자라고 생각한다. 그가 말하는 군주와 같은 강력한 지도자는 부패한 국가를 근본적으로 쇄신할 필요가 있을 때 요청되는 지도자이다.

특히 국가의 부패 가운데서도 마키아벨리가 가장 혐오하는 것은 그 국가의 질료를 구성하는 인민의 부패였다. 스스로 땀 흘려 일하지 않고 가문 대대로 내려오는 토지와 같은 기득권에 의존해서 살아가는 사람들이 활개를 칠 뿐만이 아니라, 그러한 집단들이 권력을 잡도록 그들에게 복종하는 인민들이 가득한 상황을 마키아벨리는 부패라고 불렀다(『로마사논고』, 1권 17~18장).

　　마키아벨리가 『군주론』을 집필하던 당시의 이탈리아 지역이 바로 그러했다. 『로마사논고』에서 그는 나폴리 왕국, 로마 시, 로마냐 그리고 롬바르디아에 바로 이런 부패한 자들이 들끓고 있다고 개탄한 바 있다. 그리고 그는 "이런 유형의 사람들은 전적으로 모든 종류의 자유로운 정부에 적대적"이라고 판단했다. 그렇기 때문에 "이들 지역에 공화정체를 도입하려고 해도 이는 불가능한 일"인 것이다. 그렇다면 이 지역의 쇄신을 위해서는 무엇이 필요한가?

> 만약 이 지역의 지배자인 어떤 사람이 이 지역을 개혁하고자 한다면, 그는 거기에 왕국을 세우는 것 이외에 별다른 수단을 발견할 수 없을 것이다. 그 이유는 질료가 너무 부패해서 법률로도 억제하는 데 충분하지 않을 때에는, 법률 외에 보다 강력한 권력이 반드시 확립되어야 하기 때문이다. 곧 절대적이고 강력한 권력과 함께 귀족들의 과도한 야망과 부패를 억제할 수 있는 제왕적 권력이 필요불가결하다. (『로마사논고』, 1권 55장)

　　그가 말하는 "법률 외에 보다 강력한 권력" 혹은 "제왕적 권력"은 그 질료가 심하게 부패하여 법률과 제도로는 도저히 극복할 수 없는 근원적 위기 상황에 처한 국가를 그 근간으로부터 급진적으로 쇄신하기 위한 권력, 즉 비상사태를 전제로 한 권력이다. 군주란 정상적인 국가의 운영을 위해서 요청되는 지도자의 상이 아니라 그가 부패라고 부른 국가의 비정상적 위기 상황이라는 비상사태 속에서 필요한 지도자라고 할 수 있다.

군주와 비상사태

그는 이렇게 강력한 권력을 가진 군주가 필요한 또 다른 경우로 건국, 즉 새로운 국가의 창건을 들고 있다. 마키아벨리는 새로운 국가가 제대로 수립되기 위해서는 반드시 강력한 권력을 가진 한 사람의 지도력이 필수적이라고 말한다. 그에 따르면, "한 인물에 의해 조직되지 않는다면, 어떤 공화국이나 왕국도 처음부터 잘 조직되거나 예전의 제도들을 고려하지 않은 채 철저히 개혁되는 경우란 거의 없거나 결코 없다". 그리고 건국의 과정에서 군주는 자신에게 모든 권력을 집중해야 하며, 이를 방해하는 세력들에 대해서는 '부당한 행위'라도 사용하길 주저하지 말아야 한다고 마키아벨리는 고대 로마의 사례들을 동원하여 말한다(구체적 사례는 『로마사논고』, 1권 9장 참조).

　마키아벨리가 말하는 "법률 외에 보다 강력한 권력", "제왕적 권력"의 필요성은 바로 부패한 이탈리아의 쇄신이라는 과제 속에서 도출된 것이었으며, '한 사람의 지도자에게 집중된 절대적 권력'의 중요성은 사분오열된 이탈리아 반도를 하나의 통일국가로 새로이 건국해야 한다는 그의 문제의식 속에서 주어진 것이다. 그리고 우리는 이러한 권력(자)의 모습이 바로 『군주론』에서 제시된 군주의 모습임을 어렵지 않게 알 수 있다. 이렇게 군주는 자신의 역량과 권력을 통해 부패를 쇄신하고 이탈리아에 통일된 국가를 건립할 것이다. 알튀세르의 지적대로 마키아벨리의 중심적 관심사는 이제까지 이탈리아 반도에 존재하지 않았던 새로운 국가를 창건하는 것이었고, 그렇게 창건된 국가가 지속되기 위해서 무엇이 필요한가였다(알튀세르, 『마키아벨리의 가면』, 142쪽). 그렇다면 그렇게 창건된 국가의 모습은 무엇인가? 그 국가는 어떻게 지속될 수 있는가? 지속되는 국가의 모습은 강한 일인 통치자의 영원한 지배 아래 있는 국가인가?

3_ 역량 있는 정체, 자유와 평등에 입각한 불화

인민의 자유, 지속되는 국가의 토대

마키아벨리에게 있어서 군주가 이탈리아를 통일한 이후 그 국가가 보다 잘 유지되기 위해서 도달해야 할 국가의 모델은 결코 군주정이 아니었다. 그것은 인민들의 광범위한 정치적 참여가 이루어지는 공화국이었다. 왜냐하면 진정으로 국가를 지속되게 만드는 강력함은 뛰어난 일인의 역량에 달려 있는 것이 아니라 국가를 구성하는 인민들을 결집하는 것에 달려 있기 때문이다. 그리고 인민이 자신들의 역량을 결집할 수 있는 조건은 바로 그들이 자유로울 때 성립된다. 인민의 자유에 기반한 정체, 그것이 바로 공화정이다.

그렇다면 이제 인민의 역량과 자유를 옹호하는 마키아벨리, 공화정의 지지자로서 마키아벨리의 면모를 살펴볼 차례다. 공화주의자로서 마키아벨리의 면모는 앞에서 언급한 『로마사논고』에 매우 잘 드러나 있다. 이 책은 티투스 리비우스가 집필한 『로마사』의 처음 열한 권에 대한 논평 형식으로 쓰인 책으로, 로마가 가장 강성하던 시기의 역사를 살펴봄으로써 무엇이 로마를 강하게 만들었나를 분석하는 책이다. 결론부터 말하자면 로마가 강할 수 있었던 이유는 로마가 인민의 자유를 토대로 구축된 정치체였기 때문이라는 것이다. 그리고 그 강한 시절의 로마는 공화정 로마였다.

이는 인민의 자유에 토대를 둔 권력만이 가장 강한 권력일 수 있으며, 인민의 자유에 기반을 둘 때에만 권력이 가장 안정될 수 있다는 것을 의미하는 것이다. 공화국의 권력은 바로 인민의 자유에 토대를 둔 권력이다. 심지어 마키아벨리는 군주정에 대해 논의하는『군주론』에서도 군주의 권력이 인민에 토대를 두어야 한다고 말한다. 마키아벨리는 인민들을 토대로 하여 권력을 장악한 군주는, 자신에 대한 인민의 지지를 유지하고 그것을 활용할 줄 안다면 "자신의 권력이 확고한 터전 위에 서 있음을 알게 될 것"이라고 말한다(『군주론』, 9장). 그것이 어떤 형태의 권력이건 가장 확고한 권력은 인민에 토대를 둔 권력이라는 것이 마키아벨리의 생각인 것이다.

물론 마키아벨리가『로마사논고』에서 공화정을 가장 좋은 정치체, 가장 강력한 정치체로 생각하고 있다고 해서 군주정이나 귀족정을 무조건 배격하고 있는 것은 아니다. 앞에서 이야기한 것처럼 정체는 기본적으로 군주정(→참주정) → 귀족정(→과두정) → 민주정(→무정부) → 군주정으로 순환하기 때문에 그는 군주정이나 귀족정 그 자체를 악(vice)으로 규정하지 않는다. 군주정, 귀족정, 민주정 각각은 좋은 정부 형태라고 할 수 있다. 차라리 악은 그 각각이 부패한 결과 생겨나는 참주정, 과두정, 그리고 무정부상태이다. 하지만 세 가지 좋은 정체 사이에 우열이 없는 것은 아니다. 마키아벨리에게 있어서 좋은 정체의 기준은 인민의 활력을 얼마나 잘 보장하는가이다. 그리고 인민의 활력은 인민의 자유로부터 나온다.

불화, 자유의 기반

마키아벨리는 로마가 가장 강했을 때의 정체는 군주정, 귀족정, 민주정의 계기가 한 정체 안에 공존하는 혼합정체였다고 말한다. 이 혼합정체가 인민의 활력이 가장 잘 발휘되게 하는 정체였다는 것이다. 흥미롭게도 마키아벨리는 그 이유를 로마 정부 형태의 혼합정체적 성격이 로마에 내분을 초래했기 때문이라고 말한다.

> 귀족과 평민 간의 내분을 비난하는 자들은 로마를 자유롭게 만든 일차적인 원인을 비난하고 그러한 내분이 초래한 좋은 결과보다는 그것들로부터 유래하는 분란과 소동만을 고려하는 것처럼 내게 보인다. 그들은 모든 공화국에는 두 개의 대립된 파벌, 곧 평민의 파벌과 부자의 파벌이 있다는 점 그리고 로마가 자유를 향유할 수 있도록 제정된 모든 법률은 그들의 불화에서 비롯된 것이라는 점을 깨닫지 못하고 있다.
> (『로마사논고』, 1권 4장)

다시 말해, 로마를 구성하고 있는 평민들과 귀족들의 대립과 내분이 로마를 약화시킨 것이 아니라 더욱 강하게 만들었다는 것이다.

마키아벨리는 정치가 무엇보다 역량의 문제라고 생각했다. 그리고 이 역량은 국가의 유지라는 관점에서 보자면 부패에 대항하는 활력이기도 하였다.

이미 보았다시피 아무리 좋은 정체라고 하더라도 그것은 부패하는 경향을 가지고 있다. 마키아벨리가 말하는 국가의 부패란 언제나 국가를 구성하는 질료인 인민들의 부패이다. 그리고 부패는 인민들이 자신의 사적 이익을 위하여 자신의 자유를 포기함으로써 발생한다고 그는 이야기한다. 로마가 몰락한 이유는 다름 아니라 국가의 질료가 부패하였기 때문이다. 마키아벨리에 따르면 로마가 몰락하게 된 데에는 두 가지 원인이 있는데 그 하나는 그라쿠스 형제 시대에 시행된 농지법의 개혁이 불러일으킨 격렬한 분쟁이었고, 다른 하나는 최고지휘권의 연장이었다.

농지법은 기본적으로 로마 시민들의 토지 소유를 제한하고 로마가 팽창함에 따라 점령하게 되는 토지들을 로마인들에게 분배한다는 법령이었다. 문제는 귀족층이 이 법령에 불만을 강하게 가지게 된 것에서 발생한다. 로마의 정복지가 늘어나게 되면서 평민들도 땅을 배분받게 되었고 귀족들의 토지에 의존할 필요가 줄어들기 시작했다. 귀족들은 자신들의 치부 수단이 상실되는 것에 격분하게 되었다. 하지만 로마가 대외 팽창을 지속하는 한에서 이 분쟁이 극단으로 치닫지는 않았다. 로마가 지속적으로 팽창하기 위해서는 당파의 이익이 아니라 로마 공화국 전체의 공동 이익을 위하여 평민과 귀족이 타협과 공존을 모색해야 했기 때문이다.

그러나 로마의 대외 팽창이 그 한계에 다다르자 평민과 귀족은 더 이상 타협과 공존이 아니라 자기 당파의 이익 옹호에만 매달리게 되었다. 이 와중에 귀족들은 농지법을 무력화하고자 시도하였고, 이에 맞서 평민들 역시 조직적인 투쟁을 개시했다. 그 결과는 각 당파의 무력충돌로 귀결되었다. 이익이 대립되는 당파들이 분쟁을 극복하기 위해 합리적인 해결 방안을 모색하지 않고 상대편을 완전히 몰락시키기 위해 극단적인 폭력을 휘두르기 시작했다. 이러한 극단적 폭력은 그것을 제어할 수 있는 수단마저도 상실하게 만들었고, 결국 로마라는 정치 공동체 전체가 파괴될 수 있는 위험을 초래했다. 마키아벨리는 이처럼 토지라는 사유재산에 대한 사적 이익을 로마라는 공동체의 공동 이익보다 앞세우는 모습을 부패라고 규정한다.

최고지휘권의 연장이라는 문제 역시 전형적으로 로마의 공동 이익보다는 사적 이익을 앞세우는 부패의 경향을 보여 주는 사례이다. 로마에서는 집정관이나 군대 지휘관과 같은 최고 권력자들은 임기가 정해져 있었다. 그러나 로마는 대외 팽창의 필요에 따라서 장기적인 전쟁을 지속적으로 지휘해야 하는 군대의 사령관에게 임기를 늘려 주기 시작했다. 이에 따라서 군대의 최고사령관은 장기적으로 자신의 군대를 이끌게 되었고, 그가 뛰어날수록 군부 내에서 자신에 대해 충성을 바치는 지지자들을 손쉽게 확보할 수 있었다. 국가군대의 사병화(私兵化)가 진행된 것이다. 이제 로마의 군사들은 공화정 로마 정부가 아니라 자신의 사령관 개인에 대해 더욱 충성을 하게 되며, 이는 군대 사령관들의 사적인 힘으로 전화된다. 임기제를 통해 국가의 제

부패란 무엇인가?

마키아벨리는 인민이 국가의 공동선이 아니라 사적 이익에 매몰되어서 공동체를 파괴하더라도 자신의 잇속만 차리려고 할 때, 국가의 질료인 인민이 부패하게 된다고 이야기한다. 그런데 이러한 부패 발생의 가장 큰 원인은 귀족계급과 평민계급 사이의 불평등으로부터 기원하는 것이라고 마키아벨리는 생각했다. 윗 그림은 매춘부들과 향락에 빠져 있는 귀족들의 모습을, 아래 조각은 밭을 갈고 있는 소작농의 모습을 표현한 것이다.

도적 권력이 개인화·사사화되는 것을 막았던 제도가 대외 팽창이라는 당면 과제로 인해 사라지자 권력의 사유화가 진행되었던 것이다.

마키아벨리는 결국 로마가 해체된 가장 직접적인 원인을 농지법 개혁 과정에서 벌어진 평민과 귀족의 유혈사태를 수반한 극단적인 투쟁, 그리고 군사력이라는 국가의 핵심 권력을 사사화한 최고지휘권의 임기 연장이라고 생각했던 것이다. 그리고 이러한 논의는 부패의 원인이란 국가 구성원이 공동의 이익보다 사적인 이익을 더 앞세우는 사태로 인해 발생하게 됨을 의미하는 것이다. "공사의 구분이 무너지고, 공적인 영역에서 객관적 기준이 통용되는 것이 아니라 가문이나 재산 등의 사적 관계가 그것을 대체할 때, 시민들은 공적인 영역에서 자신들만의 사적 이익을 추구"하게 되는 상태가 바로 부패가 도래한 상태이다. 그리하여 "부패가 도래하면 시민들은 정치에 주인으로서 참여하는 것이 아니라 이익의 노예로서 수동적으로 대응"하게 되며, 시민들의 역량은 파괴되고 "각자 자신의 이익만을 추구하는 만인에 대한 만인의 투쟁 상태가 도래"하게 된다(김경희, 『공화주의』, 91~92쪽). 즉, 부패란 공동의 이익을 무시하고 사적 이익을 추구하는 경향이 인민들의 기본적 습속이 된 상태를 의미하는 것이다.

그렇지만 마키아벨리가 국가 공동의 이익을 위해서 사적 이익을 완전히 무시하는 국가주의적 입장을 취하는 것은 아니다. 앞에서도 보았듯이 그는 평민과 귀속 각 계급이 사신들의 이익을 위해서 서로 갈등하고 불화하는 과정이 로마를 강하게 만들었다고 말한 바 있다. 다시 말해, 자기 계급의 이익을 위해 투쟁했던 갈등과 불화가 로마를 활력 있게 한 요인이었다는 것이다. 그런데 똑같이 사적 이익의 추구로 인한 갈등과 불화가 이번에는 부패의 양상으로 지목되며 로마 몰락의 원인으로 간주된다. 이 두 가지 사적 이익의 추구, 그리고 그로 인한 두 가지 갈등과 불화에는 어떤 차이가 있는 것일까?

결론부터 말하자면 자기 계급의 이익을 추구하는 두 진영 사이의 갈등과 불화가 평등을 조건으로 하여 진행된다면 그것은 제도적 타협책을 낳아 국가제도의 개선으로 이어지지만, 불평등한 조건 속에서는 한쪽이 다른 쪽을 완전히 제거하지 않고는 끝나지 않는 적대적 분쟁으로 귀결된다는 것이다. 그리고 이 적대적 분쟁의 상황에서 시민들은 자신의 사적 이익을 위하여 자신의 자유를 포기하게 된다. 마키아벨리는 다음과 같이 말한다.

부패나 자유로운 삶에 대한 자질의 결여는 도시에 존재하는 불평등으로부터 유래한다. (『로마사논고』, 1권 17장)

자유의 또 다른 얼굴, 평등

이러한 마키아벨리의 언급은 그의 반(反)귀족주의적 입장을 명확하게 보여 준다. 마키아벨리가 보기에 귀족이야말로 불평등을 제도화하는 주범이었기 때문이다. 귀족은 평등을 조건으로 한 갈등과 내분을 원치 않는 존재이다. 그들은 자신들이 가진 재화에 만족하지 않고 더욱 가지려고 할 뿐 아니라 다른 이들을 지배하려고 하는 존재들이

기도 하다. 마키아벨리에게 귀족이란 평등과 대립되는 존재이다(김경희, 「비르투 로마나를 중심으로 본 마키아벨리의 공화주의」).

귀족(gentiluomini)이라는 이 호칭이 무엇을 의미하는지 설명하기 위해 나는 토지 소유에서 나오는 수입으로 인해 일하지 않고도 사치스럽게 사는 자를 귀족이라고 부르겠다. 그들은 농업이나 생계를 영위하는 데 필요한 다른 직업에 대해 아무런 주의를 기울이지 않는다. 이 같은 부류의 사람들은 모든 공화국은 물론 모든 나라에 위험한 인물들이다. 그러나 더더욱 위험한 인물들은 그러한 재산 이외에도 성곽을 가지고 있고 그들에게 복종하는 신민을 보유하고 있는 자들이다. (『로마사논고』, 1권 55장)

마키아벨리는 결국 지나치게 비대해진 귀족계급의 권력이 평등에 입각한 사회세력들 사이의 갈등과 내분, 그리고 그것들이 제도적으로 해결되는 과정을 통해서 이루어지는 시스템의 개선을 불가능하게 만들고 있음을 지적한다. 그에게 귀족이란 언제나 로마 공화정, 나아가서 모든 공화국과 모든 정체들을 파괴하는 부패의 씨앗이었던 것이다.

마키아벨리가 말하는 혼합정체로서 공화정의 활력은 언제나 정치주체들의 자유를 근거로 한 그들의 평등에 기초하고 있었다. 자유와 평등을 기반으로 하여 평민과 귀족이 서로 투쟁하는 가운데 자신의 역량을 최대한 끌어내고, 이 대립을 해소하는 과정 속에서 로마에

가장 강성했던 로마, 공화정 로마

마키아벨리에 의하면 로마가 가장 강했을 때는 명백하다. 바로 로마가 공화정을 정체로 삼고 있었을 때였다. 로마를 구성하는 시민들 사이에는 이해관계에 따른 불화와 갈등이 존재했다. 하지만 로마 공화국이 활력이 있던 시기에는 자신의 이해를 관철하기 위해서는 귀족이건 평민이건 간에 상대를 설득하고 또 타협할 줄 알아야 했다. 이 과정이 로마를 강하게 했다고 마키아벨리는 강조한다. 윗 그림은 민회를 주재하는 가이우스 그라쿠스 호민관, 아래 그림은 원로원에서 카틸리나를 탄핵하려는 키케로.

는 좋은 법률들과 제도들이 자리 잡게 되는 것이었다.

마키아벨리에게 평등에 입각한 불화의 제도적 보장이 중요한 것은 그것이 바로 자유의 표지이기 때문이다. 귀족과 인민 간에 내분이 존재한다는 것은 인민이 귀족 못지않게 국가의 공적 업무에 참여할 자격이 있음을, 즉 인민에게 정치에 참여할 자유가 있음을 의미하는 것이다. 물론 마키아벨리가 근대적 의미에서 신분 질서가 완전히 철폐된 모든 권리의 평등을 생각했던 것은 아닐 것이다. 그는 귀족과 평민이라는 계급적 구별이 존재하는 현실을 인정했고, 이 두 계급 간의 구별이 폐지될 수 없으리라 생각했던 것으로 보인다. 마키아벨리에게 계급 구별이란 기본적으로 부의 차등적 소유의 문제였다. 귀족은 상대적으로 부유한 자들을, 평민은 상대적으로 가난한 자들을 의미했다.

그러나 경제적으로 차등적인 지위가 정치적 권리에서의 불평등을 의미하는 것은 아니었다. 마키아벨리는 이러한 계급 간의 구별을 귀족계급에 대한 평민계급의 일방적 종속이나 평민계급에 대한 귀족계급의 전일적 지배로 이해하지 않았다. 귀족이건 평민이건 그들이 로마의 시민이라면, 그들은 신분에 상관없이 국가의 활력을 증대하는 정치적 활동에 평등하게 참여할 수 있는 자유로운 정치적 주체였다. 귀족뿐만 아니라 평민 역시 활력 있는 국가를 구축하는 업무에 참여할 수 있다는 것은 그들이 정치적으로 자유롭고 동시에 평등한 자들임을 의미하는 것이었다. 국가를 구성하는 이들의 자유는 서로 다른 계급들의 정치적 권리상의 평등을 전제로 할 때에만 국가 활력의 원천이 될 수 있고, 정치적 권리의 평등은 인민들이 자유로울 때에만 실질적으로 보장될 수 있다.

마키아벨리의 이러한 생각은 자유와 평등은 상호 대립적인 개념이 아니라 상호 포함적인 개념이라는 프랑스의 현대철학자 발리바르(Étienne Balibar)의 '평등자유'(égaliberté) 테제를 떠올리게 한다. 이 개념은 다음과 같은 것을 우리에게 알려준다. "그것들[평등과 자유—인용자]의 **외연들**이 필연적으로 동일하다는 사실이다. 더 분명하게 말하자면, 그것들 양자가 현존하거나 부재하는 **상황들**은 필연적으로 같은 것들이라는 사실 말이다. 또는 자유의 (사실상의) 역사적 **조건들**은 평등의 (사실상의) 역사적 조건들과 정확히 같은 것들이라는 사실 말이다"(발리바르, 「'인간의 권리'와 '시민의 권리'」, 21~22쪽. 강조는 원저자). 발리바르의 말대로 자유가 부정되는 곳에서는 언제나 평등의 제한이 있었고, 평등이 보장되지 않는 곳에서는 늘 자유의 제한이 있었다. 그렇기 때문에 평등과 자유는 서로를 전제하는 사실상 하나의 개념이다. 발리바르가 말하는 '평등자유'라는 개념은 바로 평등과 자유의 동일성을 일컫는 용어이다.

마키아벨리에게서도 자유는 오로지 평등을 전제로 했을 때만 가능하며, 평등은 자유를 바탕으로만 성립한다. 신분사회라는 역사적 제약 속에서 구축된 것이기는 하지만 그런 맥락에서 평등과 자유에 대한 마키아벨리의 사유 역시 '평등자유'에 가깝다고 할 수 있다.

4 _ 공동의 역량에 기반한 정치체

마키아벨리가 군주를 통해서 이탈리아를 쇄신하고 세우고자 했던 새로운 국가의 이상은 시민들의 정치적 자유와 평등이 제도적으로 보장되는 정체였다. 이러한 정체야말로 역량 있는 정체이다. 그리고 그러한 정체야말로 마키아벨리가 자신의 저작들을 통하여 표현하고 있는 정치적 기획의 핵심이었다. 다시 말해, 『군주론』과 『로마사논고』를 통해 마키아벨리가 진정으로 말하고자 했던 바는 바로 인민의 자유를 보장하는 정체가 활력 있는 정체이며, 그것을 보장하는 국가가 강한 국가라는 것이다.

왜 인민들 사이에 자유로운 정부에 대한 애착심이 생기는지를 알아내기란 아주 쉬운 일이다. 경험이 말해 주듯이 도시들은 오직 자유로운 상태에서만 영토나 부의 증대를 이룩하기 때문이다. (『로마사논고』, 2권 2장)

앞서도 밝혔듯이 이를 잘 보여 주는 사례는 참주 페이시스트라토스로부터 해방된 아테네의 번영, 왕정으로부터 공화정으로 이행한 이후의 로마가 이룩한 거대한 번영이다. 자유야말로 국가를 강하게 만드는 모든 활력의 원천이라고 마키아벨리는 생각한다. 그리고 그러한 인민의 자유를 가장 잘 보장하는 정체가 바로 공화정이다. 로마가 채택한 혼합정체란 정확히 말하면 군주정적 요소(집정관), 귀족정적 요소(원로원), 민주정적 요소(호민관)가 공존하는 공화정이었던 것이다.

공화정이야말로 마키아벨리에게는 국가를 강력하게 만들고 지속하도록 하는 정치체제였다. 공화정은 무엇보다 개인의 역량이나 개별적 선이 아니라 공동의 역량, 또는 공동선을 기반으로 구성된 정치체였기 때문이다.

이러한 번영의 이유는 이해하기 쉬운데, 도시를 위대하게 만든 것은 개별적인 선이 아니라 공동선이기 때문이다. 하지만 오늘날 이러한 공동선은 의심할 여지없이 공화국에서만 중요한 것으로 간주된다. 왜냐하면 공화국에서는 공동선을 증진하는 일이라면 무엇이든지 실행하기 때문이다. (『로마사논고』, 2권 2장)

혼합정으로서 공화국 로마의 번영은 원래부터 뛰어난 자질을 선천적으로 타고난 자들, 다시 말해 엘리트들이 국가의 권력을 보유했기 때문이 아니다. 뛰어난 자들의 자질을 산술적으로 합산한다고 하여 공화국의 역량이 형성되는 것은 아니라는 것이 마키아벨리의 생각이었다. 그에게 있어 국가의 역량이란 그 국가를 구성하는 모든 이들의 상호작용 속에서만 형성될 수 있는 공동의 역량이었던 것이다.

마키아벨리는 하나의 사회적 세력으로서 시민들이 정치적으로 자유와 평등을 보장받는 가운데 자신들의 이익을 위해 다른 사회세력들과 투쟁을 하는 것은 국가에 이익이 된다고 보았다. 그러한 투쟁은 제도를 통해서 수행되고 제도를 통해서 해결되며 결국 국가 시스템의 개선으로 이어지기 때문이다. 이것이 바로 공동 이익이자 공동선이고 공동의 역량(virtus communis)이다.

다시 한번 강조하지만, 그러한 의미에서 공동 이익 혹은 공동선이란 결코 사적 이익과 개인적 선의 총합과 같은 것이 아니다. 마키아벨리에게 공동선이란 개인적 선들이 상호 연관을 맺게 되는 특정한 **관계 속에서만** 창출된다. 앞서 보았듯이 국가의 역량을 강화하는 공동 이익과 공동선은 정치적으로 평등한 사회적 집단들이 자유롭게 자신의 이익을 구축하기 위해 투쟁하는 내분의 과정에서 성립한다. 귀족과 평민은 서로 다른 이해관계를 가지고 있기 때문에 그들의 이익은 산술적으로 합계될 수 있는 것이 아니다. 하지만 이 양 계급의 갈등이 상호 파괴적인 섬멸전으로 비화하지 않고 제도적 해결책을 찾게 된다면 이는 국가의 역량 증대로 이어지게 되고 국가의 지속이 보장된다. 이때의 증대된 국가의 역량이란 결코 귀족계급이나 평민계급과 같이 국가를 구성하는 일부 집단에게 귀속되는 것은 아니지만 그들의 역량과 무관한 것 역시 아니다. 귀족과 평민들이 평등한 자유를 기반으로 투쟁과 타협이라는 **특정한 관계 속으로 함께 들어가게 될 때에**

만 공동의 역량이 형성되는 것이다. 이 공동 역량의 현실적 표현이 바로 공동선이다.

　마키아벨리가 통일된 이탈리아에 구축하고 싶었던 공화국이란 바로 이러한 공동의 역량이 창출되고 증대될 수 있는 정치체였다. 그리고 그는 그러한 국가만이 지속될 수 있는 국가라고 생각했던 것이다. 우리는 이러한 관점에서 설 때에만 마키아벨리 정치철학의 전모를 파악할 수 있게 된다.

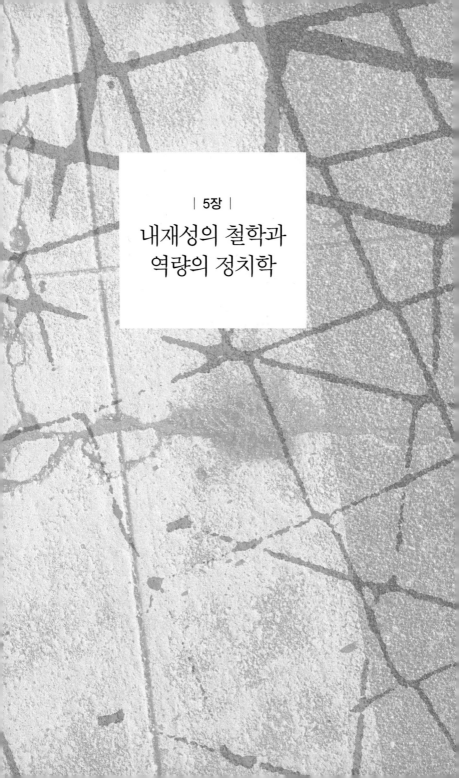

| 5장 |

내재성의 철학과
역량의 정치학

1 _ 마키아벨리에게 이론이 있는가?

오늘날 마키아벨리의 저작은 이제 고전의 반열에 올랐다. 특히 그의 주저 가운데 하나인 『군주론』은 정말 세월의 모진 풍파를 견디며 살아남았고, 정치사상의 위대한 고전 가운데 한 권으로 자리매김했다. 심지어 청소년 권장도서로 선정되어 청소년들의 교양 함양을 위한 책으로 선전되기도 한다. 하지만 우리가 살펴본 바에 따르면 『군주론』은 왠지 한국 사회에서 흔히 통용되는 의미에서의 '교양'과는 많이 거리가 있는 것 같다. 그 책에서는 아직도 '피 냄새'가 난다. 이탈리아의 통일과 해방을 위한 도정에서 군주가 흘려야 할 피의 양이 결코 적지 않기 때문이다.

그것에 대한 격렬한 반대였건 강렬한 추종이었건 마키아벨리의 『군주론』은 당시 사람들에게 커다란 충격을 주었다. 이 책은 당시 북부 이탈리아에서 유행하던 군주나 국정책임자들에 대한 정치적 조언서의 형태를 띠고 있었다. 하지만 마키아벨리는 자신의 조언서에서 좋은 정치를 위한 윤리적·도덕적 원칙이나 군주의 인격 함양을 촉구하지 않는다. 그는 오로지 군주가 어떻게 권력을 획득하고 유지하며 강화할 것인가, 어떻게 군주는 자신의 의지를 현실 속에서 실현해 갈 것인가의 문제만을 다룬다. 그렇기에 이 책은 일종의 정치적 책략집과 같이 보이기도 한다.

그러나 단지 『군주론』을 권력자가 성공하는 방략들을 담은 책략집으로 보는 것은 그 시대에 이 책이 가졌던 이질성과 새로움을 놓치게 만드는 독해 방식이다. 『군주론』에서 제시된 군주의 덕목은 당대 지배적인 정치 이데올로기가 제시한 덕목들과는 근본적으로 달랐음을 우리는 이미 보았다. 정치를 바라보는 근원적인 시각 자체가 그 당시의 지배적 정치사상과 달랐던 것이다.

그러한 시각차는 정확히 이 세계에 대한 이해 방식의 차이, 다시 말해 정치적 삶과 활동이 이루어지는 조건들의 전체로서의 세계가 움직이는 방식을 인지하고 해석하는 사고의 틀이 다름에서 나타나는 것이다. 오늘날의 용어로 하자면 그것은 세계관의 차이, 혹은 이데올로기의 차이였다. 이는 마키아벨리가 당대의 지배적인 정치사상이 유포하던 세계관과는 전혀 다른 세계관을 가졌음을 의미한다. 그는 군주의 정치적 성공을 위한 독특하고 새로운 방략들을 제시하기 이전에 정치가 이루어지는 현실세계를 인지하고 해석하는 독특하고 새로운 세계관을 창출하였던 것이다. 여전히 피 냄새가 그치지 않는 그의 책이 고전의 반열에 오를 수 있었다면, 그것은 역시 『군주론』이 새로운 세계관을 구축하고 있기 때문일 것이나.

하지만 마키아벨리는 직업적 철학자가 아니었다. 그렇기 때문에 자신이 세계를 어떻게 이해하고 해석하는가에 대한 체계적인 진술을 담은 저작을 쓰지는 않았다. 그의 세계관을 체계적으로 밝히는 일은 그를 읽는 이들의 몫으로 남아 있다. 이 장에서는 『군주론』과 『로마사 논고』를 중심으로 마키아벨리의 정치학을 추동하고 있는 그의 세계 이해가 어떤 것이었는지 살펴볼 것이다. 이는 그의 정치학이 정치적 책략들의 나열에 머무는 것이 아니라 세계에 대한 체계화된 이해방식, 나아가 그로부터 비롯되는 이론, 하지만 전제되어 있으나 언표되지는 않았던 그러한 이론의 산물이었음을 밝히는 작업이기도 하다.

이때 그의 세계관이란 철저하게 정치적 차원이 강조된 세계관임은 물론이다. 즉, 그의 세계 이해는 정치라는 계기에 의해서 관통되고 있다. 그런 의미에서 마키아벨리의 세계관은 정치적 세계관이라고 말해도 좋을 것이다. 마키아벨리가 그의 저작들을 쓰기 위해서 전제하고 있던 '정치적 세계관'은 무엇보다 이 세계가 더 이상 도덕적인 초월적 질서에 의해 규정되지 않는 우발성이 지배하는 내재적 세계이며, 정치란 이 내재적 세계에서 역량의 증대를 위한 활동이라는 생각에 의해 규정된다.

2_마키아벨리의 세계관: 세계의 우발성과 내재성

세계의 우발성

이미 수차례 강조했듯이 마키아벨리에게 정치는 도덕적 원리로부터 독립된 자율적 영역이었다. 마키아벨리에게 있어서 도덕은 정치적 관심의 대상이 아니다. 왜냐하면 정치의 영역은 도덕의 영역과는 근본적으로 다른 원칙에 의해서 움직여지는 공간이기 때문이다. 이는 그의 정치사상이 플라톤 그리고 아우구스티누스와 아퀴나스로 대표되는 고대와 중세의 세계관과 단절되었음을 보여 준다고 할 수 있다. 1장에서 살펴보았듯이 고중세의 세계관에 따르면 이 세계는 이데아나 신의 뜻과 같은 초월적 원리 혹은 영원한 질서에 의해 규제되어야 하는 곳이었다. 정치란 바로 그런 원리와 질서를 현실의 공동체 내부에 적용하고 실현하는 활동이어야 했다. 그리고 그 원리와 질서는 물론 신적 정의(正義)와 같이 초월적 도덕의 성격을 강하게 띠고 있었다. 이 초월적인 도덕원리가 세계의 모든 영역을 관장하는 것이었기에, 정치 역시 그 원리에 의해 규제되어야 했다. 다시 말해, 정치는 자기 자신만의 내재적 작동 원리나 법칙을 가지고 있는 자율적 영역이 아니라 정의의 이데아나 신의 도덕적 질서에 의해 규제되어야 하는 종속적 영역이었다. 그렇기 때문에 고중세의 정치사상에서 정치는 결코 도덕적 원리로부터 자유로울 수 없었던 것이다.

하지만 마키아벨리는 세계의 모든 영역을 관장하는 초월적 원리나 영원한 질서와 같은 것은 없다고 생각했다. "무릇 인간 만사는 끝없이 변전 유동하기 때문에, 부침을 거듭한다"(『로마사논고』, 1권 6장). 정치는 다양한 조건들이 맞물리는 복잡성의 공간에서 행해지는데, 이 조건들은 고정된 것이 아니라 유동적인 것이었다. 가령 농산물이 풍부한 때에 군주가 전쟁 물자를 비축하기 위해서 자기 신민으로부터 곡물을 많이 거두어들이는 것은 현명한 통치 행위가 되지만, 흉년기에 군량미를 비축하기 위해서 곡물을 많이 거두어들이는 것은 지지 기반을 잃어버리는 우둔한 통치 행위가 된다. 이 경우 통치 행위의 행태는 강력한 군대를 위한 군량미의 비축이라는 점에서 동일하지만, 환경적 조건이 달라짐에 의해서 그 효과와 의미가 달라지게 되는 것이다. 이런 다양한 조건들이 결합하는 양상에 따라서 정치적 변화는 지속적으로 발생하게 된다고 마키아벨리는 생각했다. 그에게 중요한 것은 조건들이 어떻게 마주치고 결합하고 있는지를 살펴서 그에 걸맞게 행동하는 정치적 기예(technē)였지, 어떠한 상황에서든지 따라야 할 초월적 원리나 도덕적 명분 따위가 아니었다.

정치에 대한 이와 같은 마키아벨리의 관점은 세계를 유동적이고 변화하는 것으로 파악하는 세계 이해 방식을 전제하고 있는 것으로 보인다. 그리고 이러한 세계 인식은 분명 고중세의 그것과는 확연히 다른 것이었다. 다시 말해 고대와 중세의 지배적 사유 전통에 대하여 마키아벨리가 수행한 단절은 단순히 정치관에서의 단절에 그치는 것이 아니라 근본적으로 세계관에 대한 단절에까지 나아가는 것이다.

이데아라든가 신의 질서는 영원한 것이며 본질적인 것을 의미한다. 영원한 본질. 영원성이라는 것은 결코 변하지 않는다는 것, 모든 것을 변하도록 만드는 시간의 흐름에도 불구하고 어떠한 변화도 없이 항상 자신의 본질과 그것에 입각한 동일성을 유지하는 상태를 일컫는 것이다. 이데아나 형상(eidos)과 같은 그리스적 이념이나 신과 같은 유대-기독교적 절대자는 영원한 존재이다. 우리가 살아가는 구체적인 세계란 영원한 본질이 표현된 현상적 세계이고, 현상적 세계는 변치 않는 영원한 본질에 비하자면 한낱 그림자에 지나지 않았다. 세계의 변화란 어디까지나 현상적 수준에서 일어나는 것에 불과하며, 세계의 본질은 결코 변하지 않는 것이었다.

하지만 마키아벨리의 세계는 항상 다양한 방향으로 발생하는 변화로 가득 찬 세계, 항상 여러 가지 요인들의 마주침을 통해 무수한 변화가 발생하는 유동적인 공간이었다. 그리고 이 변화하는 세계 너머의 어떤 영원불변하는 본질과 같은 것을 그는 상정하지 않았다. 그래서 그는 다음과 같이 명시적으로 말한다.

세계는 영원한 것이라고 주장해 온 철학자들에게 나는 다음과 같이 항변할 수 있다고 믿는다. 즉 만약 고대의 문물들이 옳은 것이라면, 인간들에 의해 지워진 일부와 신의 의지로 야기된 다양한 원인들에 의해 지워진 일부는 예외로 하더라도, 5천 년 이상 된 과거의 기록이 존재하고 있어야 하는 것이 이치에 맞는다고 말이다. (『로마사논고』, 2권 5장)

다시 말해, 이 세계는 영원한 것들이 지배하는 세계가 아니라는 것이다. 그랬다면 과거의 것들이 지금도 여전히 존재해야 하며, 하다못해 기록이라도 남아 있어야 하지 않겠는가. 하지만 종교나 자연재해와 같은 우발적 요인에 의해서 과거의 기록들이 얼마나 많이 망실되었는가? 불과 5천 년 전의 기록조차 우연적 요인에 의해 파기된다면, 과연 세계의 영원성을 말할 수 있겠는가? 세계는 영원한 것에 의해 그 동일성이 보존되는 곳이 아니라 우연한 요소들의 마주침에 의해 변전하고 유동하는 곳이다. 이미 보았듯이 그는 이 우연적 변화와 유동성을 운(fortuna)이라는 개념으로 표현했다. 이렇게 변전 유동하는 세계에 이데아나 신의 질서와 같은 영원불변하는 본질적 원리는 존재하지 않았다. 알튀세르의 말처럼 그 역시 '우발성의 사상가' 혹은 '우발성의 유물론자'였던 것이다.

알튀세르가 말하는 우발성의 유물론이란 세계를 규정하는 필연적 원리란 없다는 철학적 입장을 말한다. 이러한 사상은 데모크리토스에서 시작되어 에피쿠로스에 의해 정점에 이른 고대 그리스의 원자론이 집약적으로 표현하고 있다. 에피쿠로스는 이 세계가 공백과 원자들로 이루어져 있다고 생각했다. 텅 비어 있는 공백의 공간 속에서 원자들이 비처럼 수직으로 떨어져 내린다. 원자들의 직선운동. 그런데 그렇게 직선운동을 하던 원자 가운데 하나의 원자가 그 운동 궤적으로부터 떨어져 사선을 그리며 낙하하기 시작한다. 원자의 사선운동. 에피쿠로스는 이 사선운동을 클리나멘(clinamen, 편위)이라고 부른다. 그렇게 클리나멘이 발생하면서 직선운동으로부터 떨어져 나온 원자는 다른 원자와 충돌하게 되고, 이 충돌로 인하여 원자들은 하나의 물질로 응고하게 되는 것이다. 원자들의 충돌. 이것이 물질의 탄생 과정이며 세계 역시 이렇게 탄생한다. 하지만 이처럼 클리나멘과의 충돌로 인해 탄생한 물질과 세계가 영원히 지속되지는 않는다. 또다른 원자가 클리나멘을 통하여 그 물질과 마주치게 되면 그 물질의 구성은 변화하여 다른 물질이 된다. 세계는 원자들의 사선운동, 즉 클리나멘을 통하여 끊임없이 다른 물질로 변화하는 영속적 운동의 과정 속에 있게 되는 것이다.

대학에서의 학문적 수련을 마치던 시기, 맑스의 관심사는 바로 이 원자론이었다. 그는 박사학위 논문을 데모크리토스와 에피쿠로스의 원자론에 대한 연구로 썼다. 맑스는 이 논문을 장차 자신의 장인이 될 루트비히 폰 베스트팔렌에게 바치면서 헌정사의 한 구절에 이렇게 적어 넣었다. "이데아를 의심하는 모든 이들에게 나와 같은 행운이 있기를."

맑스의 이 구절이 알려 주듯, 원자론은 기본적으로 이데아와 같은 세계의 영원불변하는 동일성을 의심하는 자들의 사유였으며, 그래서 또한 영원불변성의 필연적 지배에 저항하면서 우발성을 지지하는 자유를 모색한 이들의 사유였다. 세상에 존재하는 모든 것이 초월적 원리에 의해 항상-이미 규정되어 있는 것이라면, 이 세계는 그 원리들이 모든 것을 결정하는 필연성의 통치 아래 놓인 세계가 아닌가? 초월적 원리의 외부가 불가능하다면 우리는 그 원리가 예비한 숙명의 지배 아래서 살아가는 것이 아닌가? 그렇다면 도대체 자유의 가능성은 어디에 있는가? 이것이 이데아를 의심하는 맑스의 질문이었다. 자유를 향한 뜨거운 열정을 품고 있던 젊은 맑스에게 에피쿠로스의 클리나멘이란 영원한 것의 숙명적 지배에 "맞서 싸우고 저항할 수 있는 [원자] 가슴 속에 있는 어떤 것"이었다(맑스, 『데모크리토스와 에피쿠로스 자연철학의 차이』, 76쪽). 우발성의 유물론은 오로지 우발성의 영원성만을 긍정한다. 즉 이 세계에 변하지 않는 원리가 있다면 하나의 존재가 자신을 규정하던 궤적을 벗어나 다른 존재와 마주치는 과정이 세계를 구성하는 우발적인 마주침의 원리, 좀더 쉽게 말하자면 우연성의 원리가 있을 뿐이라는 것이다. 그리고 이 우연성의 원리야말로 자유의 가능 조건이었다.

불의의 사고로 공적 활동의 무대에서 은퇴하여 병원에서 여생을 보내야 했던 프랑스의 탁월한 맑스주의 철학자 알튀세르에게 클리나멘이란 유물론의 중핵을 이루는 것이었다. 원자론의 사유가 보여 주는 우발성 개념은 오랫동안 억압되었던 가장 전복적인 유물론 전통의 핵심을 이루는 것이었다. 그의 말처럼 "철학사 속에 거의 완전히 진가를 인정받지 못한 유물론적 전통 하나가 실존한다". 그것은 "비[雨]의, 편의(偏倚)의, 마주침의, 응고의 '유물론'"이다. "하나의 전혀 유다른 사고로서 이러저러한 모든 검사필의 유물론들에 대립하는 마주침의 유물론, 따라서 우발성과 우연성의 유물론"이 존재한다(알튀세르, 『철학과 맑스주의』, 36쪽).

알튀세르에게 마키아벨리는 우연성의 원리를 긍정하는 전형적인 우발성의 유물론자였다. "마주침의 유물론이라는 이 은밀한 전통의 역사 속에서 마키아벨리가 우리의 두번째 증인이 될 것이다"(『철학과 맑스주의』, 42쪽). 알튀세르에 따르면 마키아벨리는 당대 이탈리아를 서로 간의 마주침 없이 그저 자유낙하하는 원자들로 가득 찬 공간으로 보았다. 이탈리아 반도의 무수한 도시국가들과 군소 영주령들이 통일되지 못하고 흩어져 있는 상태. 이탈리아가 통일된 국민국가로 성립하기 위해서는 이 산포된 원자들이 마주쳐 하나의 물질성으로 응고되어야 한다. 그러나 이를 위해서는 이 원자들의 낙하로부터 어떤 독특한 원자의 클리나멘이 있어야 한다. 즉 원자들이 마주칠 수 있는 조건들이 창출되어야 한다는 것이다. 그 조건은 어떻게 창출되는가?

그[마키아벨리—인용자]는, 체사레 보르자의 예(例)의 도움을 받아서, 통일은, 이탈리아의 이름 없는 한구석 어딘가에 자리 잡기에 충분한 운(fortuna)과 역량(virtù)을 지니고 이 원자적인 한 점에서 시작하여 국민국가라는 기대한 기획 속에서 자기 주위에 이탈리인들을 조금씩 집합시킬 이름 없는 한 사람이 나타날 때 이루어지리라는 생각에 도달한다. (『철학과 맑스주의』, 43쪽)

알튀세르와 마키아벨리의 인연

알튀세르에게 있어서 마키아벨리는 맑스만큼이나, 때로는 맑스보다 더 그를 매혹시켰던 사상가였다. 그런데 알튀세르가 마키아벨리를 만나게 된 계기는 자못 흥미롭다. 마키아벨리에 대한 그의 유고를 잠시 읽어 보자. "내가 마키아벨리를 처음으로 발견한 것은 [1961년] 8월 베르티노로에 있는 아주 멋지고 오래된 커다란 집이었는데, 그 집은 에밀리 평원을 온통 굽어보고 있는 언덕 위에 있었다. 프란카가 거기 살고 있었는데, 내가 그 여자를 알게 된 것은 겨우 일주일밖에 되지 않은 때였다. 프란카는 까만 머리칼에 눈부시게 아름다운, 시칠리아의 아름다움을 지닌 여인으로…… 멋진 육체와 변화무쌍한 표정의 얼굴을 가졌으며, 무엇보다 내가 한 번도 보지 못했던 여성의 자유를 보여 주었다. 그것도 이탈리아에서! 프란카는 내게 자신의 고향을 알게 해주었으며, 우리의 강렬한 사랑은 때때로 (그 여자보다는 오히려 내 행동 때문에) 극적이기도 했다. 한마디로 나는 그 여자에, 그리고 그 여자의 사랑, 그 고장, 멋진 그 언덕들과 도시들에 마음이 사로잡혀 있었다.…… 어느 날, 프란카가 내게 알려준 바로는 체사레 보르자가 이 세스나라는 작은 도시를 떠나 위대한 모험을 찾아 나섰다는 거였다. 나는 (지식인에 대한) 그람시의 책을 좀 읽다가, 곧 그만두고 마키아벨리를 읽기 시작했다"(『미래는 오래 지속된다』, 550~551쪽).

즉, 군주라는 한 개인의 행동으로부터, 그저 수직낙하하기만 하는 무수한 원자들처럼 산포되어 있는 도시국가들과 군소 영주국들이 서로 마주쳐 통일된 국민국가로 응고될 첫걸음이 시작될 것이란 말이다. 하나의 원자로부터 시작되는 클리나멘, 군주라는 고독한 한 개인으로부터 시작되는 행동이 바로 이 마주침의 조건들을 창출하는 길이라는 것이 알튀세르의 마키아벨리 해석이다. 그리고 우리는 이 해석이 충분히 타당한 것이라고 생각한다. 마키아벨리는 마주침의 유물론이라는 은밀한 전통, 우발성의 유물론이라는 위험한 철학적 전통의 계보에 포함되어야 할 철학자인 것이다.

내재주의 세계관: 상반된 의지들이 충돌하는 세계

세계가 그것을 구성하는 무수한 요소들의 우발적 마주침을 통해서 움직인다는 관점은 세계의 구성 원리와 작동 원리를 내재적으로 파악한다는 것을 뜻한다. 세계를 내재적으로 이해한다는 말은 이 세계를 구성하고 있는 여러 가지 요소들의 관계 밖에서 그 관계를 규정하고 작동하도록 만드는 초월적 원리란 존재하지 않는다는 입장, 다시 말해 이 세계는 철저하게 그것의 구성요소들이 맺는 관계들의 양상에 의해서 이해되어야 한다는 입장을 취하는 지적 태도를 말한다.

마키아벨리가 내재주의의 입장에 서 있다는 것은 그가 교회형 군주국에 대해서 논평하는 다음 부분에서 분명하게 확인된다.

그러나 이러한 국가들[교황이 다스리는 교회국가 — 인용자]은 인간의 마음이 감지할 수 없는 초월적인 권능에 의해서 다스려지므로, 논의하는 것을 삼가겠습니다. (『군주론』, 11장)

사실상 이 논평은 교회형 군주국, 즉 교회는 논의의 대상에서 제외하겠다는 말인데, 그 이유는 이 교회형 군주국은 초월적 권능에 의해 다스려지기 때문이라는 것이다. 다시 말해, 내재적 질서에 입각해서 분석하고 이해될 수 없는 초월적 대상은 자신의 논의 대상에서 제외하겠다는 뜻이다. 마키아벨리는 내재주의적 입장에서 정치의 문제, 권력의 문제를 논의하고 있는 것이다.

정치에서 내재주의가 의미하는 것은 세계가 원래부터, 그것을 척도로 삼아 편성되고 질서 지어져야 하는 이상적 모델, 질서, 원리 등이 선험적으로 주어져 있지 않다는 걸 의미한다. 초월주의의 입장에서는 이런 이상적 모델이 인간의 실천 이전에 이미 존재한다. 그리고 인간의 실천이란 현실을 이미 주어져 있는 이상적 질서에 맞추어 나가는 과정이 된다. 이러한 이상적 원리의 다른 이름이 도덕법칙의 명분하에 정당화되는 가치들이다. 그렇기 때문에 초월주의의 입장에서는 도덕법칙은 어떠한 상황에서든지 반드시 따라야 되는 규범적 가치가 된다.

반면 내재주의의 입장에서는 인간의 실천 이전에 존재하면서 인간이 규범적으로 따라야 할 이상적 모델이나 원리 같은 것은 존재하지 않는다. 인간의 실천에 필요한 것은 그 실천이 수행되는 구체적인 조건 속에서 하고자 하는 바, 즉 의지를 가장 잘 실현할 수 있는 행동의 지침과 기예이다. 그렇기 때문에 도덕법칙은 언제나 지켜야 할 규범적 가치가 더 이상 아니게 된다. 그것은 실천상의 필요 문제로 축소된다.

> "인간이 어떻게 살고 있는가"는 "인간이 어떻게 살아야 하는가"와는 너무나 다르기 때문에, 일반적으로 행해지는 것을 행하지 않고, 마땅히 행해야 할 것을 행해야 한다고 고집하는 군주는 권력을 유지하기보다는 잃기가 십상입니다. 어떤 상황에서나 선하게 행동할 것을 고집하는 사람이 선하지 않은 많은 사람들에게 둘러싸여 있다면, 그의 몰락은 불가피합니다. 따라서 권력을 유지하고자 하는 군주는 상황의 필요에 따라서 선하지 않을 수 있는 법을 배워야 합니다. (『군주론』, 15장)

'인간이 어떻게 살아야 하는가'의 문제는 초월적 질서, 즉 도덕법칙에 따라 인간의 삶을 그것에 맞추어야 한다는 입장을 보여 주는 반면, '인간이 어떻게 사는가'는 실제로 인간들이 자신들이 맺고 있는 관계 속에서 어떻게 움직이고 있는가를 파악하는 내재적 관점의 문제이다. 초월적 관점에서 도덕은 '어떤 상황에서나 선하게 행동할 것을 고집'하지만, 내재적 관점에서는 '상황의 필요에 따라서 선하지 않을 수' 있어야 한다.

이런 점에서 초월주의의 입장이 이상주의(idealism)와 연결된다면, 내재주의의 입장은 현실주의(realism)와 연결된다. 이상은 현실적 조건이나 역관계에 의해 영향을 받지 않는 것이라는 점에서 초월적이며, 그 자체로 완전한 것으로서 현실이 어떠하든 간에 추구되어야할 것이라는 점에서 당위적인 것이다. 그렇기 때문에 이상주의는 도덕주의와 필연적으로 연관될 수밖에 없다. 반면 현실주의는 구체적인 조건들과 역관계로부터 시작하는 관점이다. 모든 행동과 실천은 그러한 조건과 관계를 바탕으로 수행될 수밖에 없으며, 행동의 지침과 실천의 방향은 그 조건과 관계의 변화에 따라서 유동적인 것이 된다. 현실주의에서 중요한 것은 그러한 조건들과 관계들에 의해 규정되는 현실이지 어떤 초월적 이상이나 도덕적 가치가 아닌 것이다.

그렇다면 마키아벨리는 이 현실을 어떤 것이라고 파악했을까? 만약 현실을 구성하는 인간들이 언제나 서로에 대한 선의로 가득 차 있고, 자연환경은 늘 인간 활동에 도움이 되며, 법과 제도는 항상 합리적이라면 인간의 정치적 활동은 정직, 신의, 공명정대, 공평무사 등등과 같은 도덕적 가치에 따라서 이루어지는 것이 타당할 것이다. 도덕적 가치와 세계의 내재적 작동 방식이 동일하기 때문이다. 그러나 마키아벨리는 세계의 현실은 결코 그렇지 않다고 파악한다. 그의 말대로 군주는 '무자비한 자들에게 둘러싸여' 있다. 마키아벨리의 이러한 세계 인식은 인간에 대한 그의 관점이 명백하게 보여 준다.

인간이란 은혜를 모르고 변덕스러우며 위선적인 데다 기만에 능하며 위험을 피하려고 하고 이익에 눈이 어둡습니다. 당신이 은혜를 베푸는 동안 사람들은 모두 당신에게 온갖 충성을 바칩니다. …… 사람들은 당신을 위해서 피를 흘리고, 자신의 소유물, 생명 그리고 자식마저도 바칠 것처럼 행동합니다. 그렇지만 당신이 정작 그러한 것들을 필요로 할 때면, 그들은 등을 돌립니다. (『군주론』, 17장)

국가를 창설하고 법률을 제정하는 자는 다음과 같은 점을 상정할 필요가 있다. 모든 인간은 사악하고, 따라서 자유로운 기회가 주어지면 언제나 자신들의 사악한 정신에 따라 행동하려 한다는 점이다. (『로마사 논고』, 1권 3장)

마키아벨리는 인간이 결코 선천적으로 정의롭고 도덕적인 존재라고 생각하지 않았다. 그런 면에서 그는 비관주의자이기도 했다. 인간은 배은망덕하고, 변덕스럽고, 위선자이고, 기만자이며, 자기 이익 앞에 맹목적인 존재이다. 그래서 그는 한마디로 '인간은 사악하다'고 말하고 있다. 군주가 자신의 의지를 구현해야 하는 세계는 바로 이러한 인간들이 그를 둘러싸고 있는 세계이다. 이것이 정치적 실천의 주체, 마키아벨리의 '군주'가 처한 엄연한 현실인 것이다. 이러한 조건에서 무조건적으로 공명정대하고 도덕적인 행동만을 추구한다면 그결과는 어떻게 되겠는가? 그 귀결이 패배라는 것은 너무나도 자명한 것이다. 마키아벨리는 결코 인간에 대해서 낙관적이지 않다. 아무리 좋은 의도와 선한 뜻을 가지고 있다고 하더라도 그 의도를 현실에서 구현할 수 없다면 무슨 소용이 있겠는가? 자신의 뜻을 실현하고자 하는 군주라면 자신과 관계를 맺고 있는 인간들이 어떤 존재인지, 자신이 그 안에 있는 현실세계가 어떤 곳인지에 대한 분명한 인식을 가져야 한다.

인간은 도덕과 정의보다는 욕망에 의해 추동되는 존재이며, 자신의 이득을 추구하는 의지에 의해 움직이는 존재이다. 그런데 각인의 욕망과 의지는 상이할 뿐만 아니라 종종 서로에게 적대되는 것이기도 하다. 이 세계 안에는 서로 다른 의지들, 적대하는 의지들이 존재하며 그 적대적 의지들은 서로 충돌한다. 그리고 이 충돌이 바로 정치를 만들어 내는 것이다. 나의 의지에 반대하는 다른 의지는 그러므로 내게 선의를 가지고 있지 않다. 차라리 그 의지는 나에게 악의를 가지고 있다. 정치란 그래서 나에 대하여 악의를 가진 의지의 저항에도 불구하고 나의 의지를 실현하는 문제이기도 하다.

이런 생각은 세계가 인간의 실천에 의해서 다양한 형태로 변형가능한 질료라는 사유로 이어진다. 마키아벨리에게 각이한 욕망과 의지들이 충돌하는 내재적 세계는 신의 국가와 같은 초월적 목적에 의해 나아갈 바가 정해져 있는 세계가 아니었다. 이 세계는 그 속에서 살아가고 있는 인간들의 실천에 의해서 더 좋아지거나 더 나빠질 수 있는 곳이기에 세계를 형성하는 인간의 실천이야말로 이 세계의 구성 원리이자 작동 원리 가운데 하나라고 할 수 있는 것이다. 마키아벨리에게 그 실천이란 근본적으로 정치적인 것이었음은 물론이다.

하지만 물론 마키아벨리가 인간의 실천만이 세계의 구성 원리이자 작동 원리라고 파악한 것은 아니었다. 3장에서 보았듯이 오히려 마키아벨리에게 일차적인 것은 인간의 실천 외부에서 그에게 닥치는 우연한 사건들이나 그의 행동을 한계 짓는 자연적 환경의 변동과 같은 외부적 요소, 즉 그가 '운'(fortuna, 포르투나)이라 부른 요소였다. 이 포르투나를 그 제약 조건으로 하지만 이것에 전적으로 규정되지 않고 오히려 그것을 활용할 수 있는 주체의 능력(virtù)이 바로 정치적 실천의 관건적 문제인 것이다. 군주란 바로 운의 힘을 자신의 기회로 만들어 내는 능력을 가진 존재이다.

3_정치학의 근본 문제, 역량의 증대

도덕의 정치에서 정치의 윤리로

마키아벨리의 이와 같은 세계관을 이해해야 그의 현실주의적 정치관의 철학적 배경을 파악할 수 있다. 마키아벨리는 정치를 초월적인 도덕의 문제로 보지 않고, 내재적 현실 속에서 의지의 실현이라는 문제로 바라보았다. 그 실현의 과정에서 도덕은 이제 무조건적 정당성을 갖는 절대적 규범으로서의 가치를 가지지 못하게 된다. 차라리 마키아벨리에게 도덕은 정치적 실천 주체의 의지를 실현하기 위한 수단적 가치였다고 할 수 있다.

미덕을 발휘하는 것을 통해서 자신의 정치적 권력을 안정시키는 일은 물론 좋은 일이다. 그러나 미덕을 행하는 것만으로는 자신의 정치적 의지를 실현할 수 없을 때, 군주는 과감하게 악덕도 행할 줄 알아야 한다고 그는 말한다. 정치의 목적은 도덕적 대의를 따르는 것이 아니기 때문이다.

그러나 악덕 없이는 권력을 보존하기가 어려운 때에는 그 악덕으로 인해서 악명을 떨치는 것도 개의치 말아야 할 것입니다. 왜냐하면 모든 것을 신중하게 고려할 때, 일견 미덕으로 보이는 일을 하는 것이 자신의 파멸을 초래하는 반면, 일견 악덕으로 보이는 다른 일을 하는 것이 결과적으로 안전을 확보하고 번영을 가져오는 경우가 있기 때문입니다. (『군주론』, 15장)

마키아벨리가 자비, 신의, 인간적임, 정직, 경건 등과 같은 도덕적 가치를 무조건 부정한 것은 아니다. 다만 그것이 어떤 상황에서든 무조건적으로 지켜져야 할 절대적이고 초월적인 규범은 아니라고 생각했던 것이다. 조건과 상황에 따라서 도덕적 가치들이나 미덕들이 자신의 의지를 실현하는 데 더 효과적이라면 그것을 추구해야 하지만, 그렇지 않다면 그러한 가치에 반하는 행동 역시 할 수 있어야 한다는 것이다. 그리고 이렇게 일반적으로 옳은 것이라고 받아들여지는 도덕적 가치들을 필요에 따라서 취하거나 버릴 수 있는 역량이야말로 군주에게 필요한 '윤리'라고 할 수 있다. 마키아벨리는 도덕적인 군주를 추구한 것이 아니라 차라리 군주에게 필요한 윤리를 탐구했다.

우리는 방금 '도덕'이 아니라 '윤리'라고 말했다. 마키아벨리의 정치철학이라는 지평에서 보자면 이는 다음과 같이 정식화될 수 있다. 도덕의 정치가 아니라 정치의 윤리. 그러나 도덕과 윤리가 대립된다는 것은 무슨 의미인가? 양자는 유사한 것이지 않은가. 그런데 유사한 것이 대립된다는 것은 무슨 뜻에서인가?

이 대립 구도를 이해하기 위해서는 도덕과 윤리에 대한 철학자 들뢰즈(Gilles Deleuze)의 구별에 대해서 살펴보는 것이 도움이 될 것이다(들뢰즈, 『스피노자의 철학』, 31~47쪽). 들뢰즈는 스피노자의 철학을 해석하면서 도덕과 윤리에 대한 구별을 시도하고 있다. 들뢰즈에 의하면 스피노자에게 있어서 도덕이란 옳고 그름의 문제에 속한다면 윤리란 좋고 나쁨의 문제에 속한다. 스피노자의 윤리학에서 선이란 좋음을, 악이란 나쁨을 의미한다. 스피노자는 아담에게 선악과를 먹지 말라고 한 신의 말을 어떻게 이해해야 하는가라고 물은 적이 있다. 아담은 신의 말을 금지의 명령으로 이해하였다. 다시 말해, 선악과를 따먹는 행위는 그른 짓이고 선악과를 먹지 않는 것은 옳은 일이라고 아담은 받아들였다. 아담은 선악과를 먹지 말라는 신의 말을 아담 자신과는 무관한, 그러나 무조건적으로 복종해야 할 초월적 규범이나 명령, 즉 도덕적 정언명령으로 파악한 것이다. 하지만 스피노자는 신이 의도한 것은 결코 도덕적 명령 따위가 아니었다고 말한다. 선악과는 아담의 신체에 나쁜 영향을 미쳐서 그를 무능력하게 만들고 말 것이기 때문에 그것을 먹지 말라고 신은 아담에게 권고했을 뿐이다. 아담이 선악과를 먹지 말아야 할 이유는 그것이 아담에게 나쁜 효과를 미치기 때문이라는 것이다. 선악과를 먹고 마는 문제는 근본적으로 좋고 나쁨의 문제, 즉 윤리의 문제였다.

들뢰즈는 스피노자의 철학에서 도덕은 윤리에 의해서 대체된다고 말한다. 즉 "윤리학, 즉 내재적 존재 양태들의 위상학은 언제나 존재를 초월적 가치들에 관계시키는 도덕을 대체한다"(『스피노자의 철학』, 40쪽). 도덕은 주체와 무관한, 주체에 대한 외재적인 차원으로부터 무조건적으로 주어진 행동의 초월적 규범이다. 하지만 윤리는 주체의 상태와 철저하게 결부된 행동의 내재적 방향이다. 스피노자에 따르면 선이란 "우리들에게 유익하다고 우리가 확실히 아는 것"이며, 악이란 "우리들이 선한 어떤 것을 소유하는 데 방해되는 사실을 우리가 확실히 아는 것"이다(스피노자, 『에티카』, 246쪽). 들뢰즈는 스피노자의 선악 개념을 능력의 증대와 감소라는 차원에서 해석하는데, 선/좋음이란 주체의 능력(potentia)이 증대되는 것이다. 능력이란 자신이 하고자 하는 바를 할 수 있음을 의미한다. 즉 자기 의지를 실현시킬 수 있는 힘이 바로 능력이다. 이 힘이 증대되는 것이 좋음이다. 들뢰즈는 좋음을 의지(하고자 함)와 능력(할 수 있음)이 결합된 상태라고 말한다. 그리고 의지와 능력이 결합되어 있을 때 우리는 기쁨을 느낀다. 반면 악/나쁨이란 능력의 감소를 말한다. 자신이 하고자 하는 바를 할 수 있는 힘이 없는 것이 바로 악/나쁨이다. 악/나쁨이란 의지(하고자 함)와 능력(할 수 있음)이 분리된 상태이고 이때 우리는 슬픔을 느낀다.

윤리학의 근본 문제, 어떻게 능력을 증대시킬 것인가

그렇다면 이 능력의 증대는 어떻게 이루어지는가? 스피노자는 능력의 문제를 감응(affect)의 차원에서 파악한다. 감응이란 우리가 경험하는 모든 정서(affection)의 근간이다. 그리고 그것은 기쁨과 슬픔이라는 두 극을 가진다. 스피노자에 따르면 기쁨이란 "인간의 더 작은 완전성에서 더 큰 완전성으로 이행하는 것"이고, 슬픔이란 "인간의 더 큰 완전성에서 더 작은 완전성으로 이행하는 것"이다(『에티카』, 220쪽). 물론 여기서 완전성이란 자신이 하고자 하는 바를 완전히 할 수 있는 상태, 다시 말해 능력의 완전성을 말한다.

사랑과 미움, 희망과 공포 등과 같은 정서들은 기쁨과 슬픔이라는 감응으로부터 도출되는 것들이다. 가령 사랑이란 "외적 원인의 관념을 동반하는 기쁨"이고 미움이란 "외적 원인의 관념을 동반하는 슬픔"이며, 희망이란 "우리들이 그 결과에 대하여 어느 정도 의심하는 미래 또는 과거의 사물의 관념에서 생기는 비연속적인 기쁨"이고, 공포란 "우리들이 그 결과에 대하여 어느 정도 의심하는 미래 또는 과거의 사물의 관념에서 생기는 비연속적인 슬픔"이라고 스피노자는 말한다(『에티카』, 223~224쪽).

들뢰즈는 스피노자를 다룬 한 강의에서 모든 정서들의 근간인 감응(affect)을 '존재와 행동 능력의 영속적 변이'로, 즉 능력의 증대와 감소로 정의한 바 있다(들뢰즈, 「정동이란 무엇인가」, 52, 90쪽). 그런데 능력의 문제로서 감응은 나의 신체와 다른 신체 사이의 관계 속에서 촉발된다. 스피노자에 따르면 모든 개개의 신체들은 그것을 구성하는 여러 부분들이 서로 조화로운 관계를 맺음으로써 성립하는 것이다(『에티카』, 103~104쪽).

가령 인간의 신체를 생각해 보자. 인간의 신체는 60조 개의 세포들로 구성되어 있다. 그런데 이 세포들이 서로 조화로운 관계를 맺고 있어야만 인간은 생명을 유지하고 활동할 수 있게 된다. 만약 나를 구성하는 세포들 중 특정 세포가 유독 자기중심적이어서 다른 세포들의 영양분을 빨아먹게 된다면 내 신체의 조화로운 구성을 유지하는 관계는 파괴될 것이다. 그렇게 된다면 나는 병들거나 죽게 된다. 혹은 내가 먹는 음식이 나를 구성하는 질서들과 조화롭게 섞여 들어간다면 그 음식물은 나를 건강하게 해주겠지만, 그 음식이 그 질서를 파괴한다면 그것은 나를 약하게 만들 것이다.

우리 각 개인은 살아가면서 항상 나의 외부에 존재하는 다른 개인들이나 사물들과 마주치게 되며 관계를 맺게 된다. 이때 그 마주침의 대상이 나와 조화로운 관계에 들어가게 된다면 나의 능력은 증대되며 나는 기쁨을 느낀다. 만약 그 반대라면 나의 능력은 감소되며 슬픔을 느낄 것이다. 스피노자가 말하는 '좋음'이란 기쁨, 즉 능력의 증대이고 '나쁨'이란 슬픔, 즉 능력의 감소이다. 스피노자에게 윤리학이란 이 마주침을 어떻게 기쁜 마주침으로, 다시 말해 나의 능력이 증대되는 만남으로 조직할 것인가의 문제였다. 들뢰즈에 의하면 슬픔의 마주침을 피하고 기쁨의 마주침을 유지하는 행동의 방식이 바로 스피노자가 말하는 윤리인 것이다.

그런데 그러한 마주침, 그리고 그로 인해 나와 타자가 맺게 되는 관계는 항상-이미 결정된 초월적 도덕법칙을 따라서 이루어지는 것이 아니라 구체적인 상황과 필요에 따라서 달라지는 것이다. 가령 내 신체가 추위를 느낄 때 불[火]과의 마주침은 '좋음'이지만 내 신체가 더울 때에 불과의 마주침은 '나쁨'인 것처럼 말이다.

이는 개인들이 자신이 아닌 다른 개인들과 마주치고 관계를 형성하는 사회적 관계 속에서도 마찬가지이다. 어떤 사회적 관계는 그 관계를 맺는 이들 모두를 기쁘게 하지만, 어떤 사회적 관계는 한쪽만을 일방적으로 기쁘게 하고 다른 쪽은 슬프게 하는 경우가 비일비재하다. 정치적 관점에서 전자의 경우는 공동선이나 공동 이익이 이루어졌다고 말할 수 있는 반면, 후자의 경우는 억압이나 착취가 자행되고 있다고 말할 수 있다.

우리가 타자와 마주침으로써 맺게 되는 사회적 관계는 결코 진공 상태에서 이루어지지 않는다. 우리가 살아가는 현실의 공간은 특정한 권력관계와 제도에 의해 구축되어 있기 때문이다. 우리가 권력관계와 제도 속에서 살아가는 존재라면 우리의 능력, 우리의 감응 역시 이러한 관계에 의해 크게 영향받을 수밖에 없는 것이다. 그렇다면 윤리학은 이제 사회적 관계, 즉 권력관계와 제도의 문제를 다루어야 한다. 다시 말해, 사회적 관계를 맺는 개인들의 능력이 증대될 수 있는 권력관계와 제도를 어떻게 구축할 것인가라는 문제로 능력의 윤리학은 나아가게 된다. 다시 말해 스피노자적 윤리학은 당연히 정치학의 영역으로 확장되어야 한다는 것이다.

역량의 증대를 위한 정치철학

마키아벨리의 정치철학은 이런 의미에서 스피노자의 윤리학과 공명하는 지점이 있다. 이는 무엇보다 주체와 그 외부의 마주침이라는 문제에서 드러난다. 스피노자의 윤리학은 주체가 경험하게 되는 마주침에서 우연적 차원을 최소화하는 방안을 탐구하는 작업이었다. 좋은 마주침과 나쁜 마주침을 운에 맡기지 않고 주체가 능동적으로 그 마주침을 조직할 수 있는 길, 자신이 경험하는 마주침에 대한 주체의 통제력을 높이는 방법을 스피노자의 윤리학은 고민했다. 이는 마키아벨리의 역량 개념과 정확히 공명한다. '운'이라는 주체 외부의 우연적 힘을 통제하고 활용할 수 있는 힘이 바로 '역량'이었지 않은가. 스피노자식으로 말하자면 마키아벨리의 역량이란 타자와 좋은 만남을 능동적으로 구축하는 기예이다. "덕(virtus)과 능력(potentia)을 나는 동일한 것으로 이해한다"(『에티카』, 247쪽)라는 스피노자의 언급은 이 점을 명확하게 보여 준다. 아마도 그렇기 때문에 스피노자는 그의 『정치론』에서 마키아벨리를 "매우 현명한 사람"이라고 평가했을 것이다.

스피노자와 마키아벨리의 이와 같은 공명은 정치적 제도의 차원에서도 관철된다. 2장에서 이미 보았듯 마키아벨리의 최종적 관심사는 통일된 이탈리아에 세워질 국가의 시스템을 어떻게 그 구성원의 역량이 공동으로 증대되도록 디자인할 것인가의 문제였다. 마키아벨리는 공화정에서 국가 성원의 공동 역량을 증대할 수 있는 정체를 발견한다. 『로마사논고』에서 마키아벨리는 사실상 공화정을 군주정보다 더 역량 있는 정체로 평가한다. 그것은 무엇보다 공화국은 다양한 능력을 가진 이들로 구성되어 있고, 필요에 따라서 이들의 능력이 활용될 수 있는 제도를 갖추고 있기 때문이다.

마키아벨리의 은밀한 제자

스피노자는 일반적으로 서양철학사에서 합리론자의 한 사람으로 알려져 있지만, 그는 정치의 문제에 대한 중요한 글들을 쓴 정치철학자이기도 했다. 특히 그는 민주주의를 옹호하는 중요한 저작들을 남겼는데, 그 중 한 권이 『정치론』이다. 이 책에서 스피노자는 마키아벨리에 대해서 다음과 같이 평가하고 있다. "아마 마키아벨리는 자유로운 다중이 자신의 안녕을 한 사람에게 전적으로 위탁하는 것이 얼마나 조심스러운 일인지를 보여 주려고 했던 것 같다. 만약 다중의 안녕을 위탁받은 사람이 모든 사람을 만족시킬 수 있다고 생각하는 어리석은 자가 아니라면, 그는 매일 자신에 대한 음모를 두려워하며, 대개는 신민보다 자신의 이익을 강제적으로 추구하며, 다중의 이익을 생각하지 않고 다중에 대해서 음모를 꾸밀 것이다. 알려진 바와 같이 마키아벨리는 자유에 호의적이었고 더욱이 그것을 유지하기 위해서 매우 유익한 조언을 했기 때문에, 나는 매우 현명한 이 사람에 관해서 이러한 생각을 하게 되었다"(『정치론』, 99~100쪽). 스피노자가 보기에 마키아벨리는 결코 군주의 이익을 옹호한 군주주의자가 아니었던 것이다.

그러므로 군주국에 비교할 때, 공화국은 자국 내에 존재하는 시민들의 다양성을 활용하여 시대적 조건의 다양성에 스스로를 훨씬 잘 적응시킬 수 있다. 따라서 군주국보다 훨씬 더 오래 지속하며 행운을 더 오래 누릴 수 있다. (『로마사논고』, 3권 9장)

마키아벨리에게 국가를 구성하는 시민들의 역량이 최대한 발휘될 수 있는 근거는 무엇보다 그들에게 주어진 정치적인 자유와 평등이었다. 자유와 평등을 기반으로 시민들이 서로 관계를 맺을 때 그들의 공동 역량은 증대되었고 이는 당연히 국가의 활력으로 이어졌다. 심지어 그 관계가 평민과 귀족 사이의 갈등과 투쟁의 형태를 띠더라도 말이다. 공화정이라는 정체는 시민의 역량을 최대치로 끌어내고, 그리하여 국가의 역량을 신장시키는 체제였다. 그리고 공화국의 정치제도 속에서 시민들의 공동 역량은 국가의 공동선으로 이어졌다.

이런 맥락에서 공화정은 사적 개인의 개별적 이익이 아니라 국가 시민들의 공동 이익을 원리로 하여 움직이는 체제라고 할 수 있다. 공화국이라는 형태 속에서 연합을 이룬 개인들은 그 연합된 개인들의 '공동의 좋음'(공동선!)을 통해서 개별적인 좋음을 누리는 것이다. 이 공동의 좋음이 공화국을 강하게 하는 원동력이다. 그렇다면 우리는 마키아벨리 역시 역량의 강화를 자신의 정치적 기획에서 핵심적인 과제로 설정하고 있었음을 알 수 있다.

스피노자-들뢰즈적 관점에서 보자면 마키아벨리에게 있어서 정치란 근본적으로 도덕적 문제가 아니라 윤리의 문제였다. 군주에게 중요한 것은 초월적으로 부과된 옳음을 추구하는 것이 아니라 구체적인 상황 속에서 자신이 하고자 하는 바(의지)를 실현해 내는 것(능력)이다. 통일된 강력한 국가를 세우겠다는 군주의 의지는 있지만, 도덕적 명분에 얽매이다가 결국 자신을 둘러싼 적대적 의지들과의 투쟁에서 패배하여 그 의지를 실현해 낼 수 없다면 그는 결코 윤리적으로 행동한 것이 아니다. 정치에 있어서 윤리적인 것이란 정치적 의지를 실현할 수 있는 능력을 증대하는 것이다. 마키아벨리는 도덕의 정치가 아니라 정치의 윤리를 사고한 사상가였다.

4_역량과 이데올로기

역량의 강화를 위한 제도적 장치들

일견 통치자를 위한 정치적 책략들의 모음처럼 보이는 『군주론』은 사실 우발적 요소에 의해 부단히 변동하는 생성 중의 세계에 대한 이론과 이 세계 속에서 자신의 의지를 실현시키는 역량을 갖춘 정치적 주체의 이론을 바탕에 깔고 있는 '이론적' 저작이기도 하다. 그리고 『로마사논고』는 『군주론』의 세계관을 공유하면서 역량의 주체를 군주 개인에게서 정치체를 구축하는 모든 인민들로 확장하기 위한 방안을 모색하고 있는 '실천적' 저작이다. 『로마사논고』에는 이 확장의 방안, 즉 인민들의 공동 역량을 증대하기 위한 방안으로 크게 군대, 법, 종교가 제시된다. 이 세 가지 방안은 다시 두 가지 층위로 구별되는데, 첫번째 층위는 제도적 층위로서 여기에는 군대와 법률이 포함된다. 종교는 두번째 층위인 이데올로기적 층위에 해당한다.

마키아벨리의 군대는 이미 보았듯이 철저하게 국민군, 즉 자국의 무장한 시민들로 이루어진 군대이다. 군대는 외국의 공격이나 내부의 혼란으로부터 공동의 질서를 방어할 수 있는 물리적 강제력의 제도이자 시민들을 용기 있고 책임감 있는 덕성을 구비한 주체들로 형성해 갈 제도적 장치이다. 그래서 마키아벨리는 공화정 로마가 활력 있는 국가가 될 수 있었던 가장 중요한 원인 가운데 하나를 로마의 군사제도에서 찾고 있는 것이다.

> 나는 운명과 군사제도야말로 로마가 강성해진 원천이었다는 점을 부정하지 않는다. 하지만 나와 의견이 상반된 자들은 좋은 군대가 있는 곳에는 으레 좋은 정부가 있다는 점, 그리고 그러한 도시가 행운을 갖지 못하는 경우란 좀처럼 없다는 점을 깨닫지 못하고 있는 것이 틀림없다. (『로마사논고』, 1권 4장)

로마를 강성하게 만들었던 또 하나의 제도는 바로 법이었다. 로마의 법은 무엇보다 로마 시민들의 정치적 자유와 평등을 보장하는 제도적 장치였다. 귀족이 자신의 신분적 특권을 이용하여 인민들을 착취하거나 그들에게 자의적 폭력을 행사하지 못하도록 하는 제도들은 모두 로마의 법에 의해 구축된 것이었다. 가령 탄핵 제도라든가, 호민관 제도 등이 이를 보여 준다. 그리고 이미 보았듯이 로마의 법은 제도를 개선하는 원천인 시민들 사이의 창조적 갈등, 즉 귀족과 평민 간의 대립과 불화를 보장하는 역할을 하였다. 그 결과 로마에는 명예롭게 행동할 줄 아는 시민들이 가득하게 되었다고 마키아벨리는 말한다.

이토록 좋은 모범적 처신은 좋은 교육에, 좋은 교육은 좋은 법률에, 좋은 법률은 많은 이들이 무분별하게 규탄하던 그러한 대립과 불화에 기원을 두고 있기 때문이다. 즉 그 결과를 엄밀히 검토한 자라면 누구나 그러한 대립이 공동선에 유해한 추방이나 폭력보다는 공공의 자유에 도움이 되는 법률과 제도를 생산해 냈다는 점을 발견하게 될 것이기 때문이다. (『로마사논고』, 1권 4장).

마키아벨리와 이데올로기의 문제 설정

그러나 마키아벨리는 제도적 층위만으로 인민들의 역량을 강화하는 것에는 일정한 한계가 있었다고 보았다. 왜냐하면 제도란 인간들의 외적 행위에만 영향을 미치기 때문이다. 진정한 의미에서 역량이란 외적 행위 차원보다는 주체 내부의 습속과 성향의 차원에서 형성되는 것이다. 국가의 활력이 쇠퇴하는 시기, 즉 국가의 질료인 인민들이 부패하는 시기는 인민들의 역량이 결코 제도적 차원에서만 보장되지 않는다는 점을 명백히 보여 준다. 그는 국가의 부패라는 문제를 다루면서 다음과 같이 말한다.

나는 도시가 매우 부패해 있다고 가정하며, 부패의 정도가 심할수록 어려움 역시 배가될 것이라고 가정한다. 왜냐하면 만연된 부패에 능히 대처할 수 있는 법률이나 규칙은 없기 때문이다. 그리고 좋은 도덕은 그것이 유지되려면 좋은 법률을 필요로 하는 것처럼, 법률은 그것이

준수되기 위해서는 좋은 도덕을 필요로 한다. …… 더욱이 사태의 진전에 따라 도시의 법률은 개정될 수 있지만, 관습은 결코 또는 좀처럼 변하지 않는다. 이러한 형편에서는 새로운 법률은 제정해 보았자 적실성을 갖지 못한다. 왜냐하면 고정된 채로 남아 있는 관습이 그 법을 부패시키기 때문이다. (『로마사논고』, 1권 18장)

다시 말해, 역량의 구축 과정에는 제도적 장치들의 강제력이 미치지 못하는 어떤 차원이 있다는 것이다. 그리고 이 차원에서의 정치적 개입이 없다면 제도적 장치들이 제 기능을 발휘할 수 없는 사태가 벌어지기도 함을 마키아벨리는 지적하고 있다. 그가 '도덕'이나 '관습'이라고 말하는 주체 내부의 습속과 성향이 바로 그 차원이다. 그렇다면 주체 내부의 습속과 성향의 차원에서 역량(덕성!)의 구축이라는 문제는 정치적 실천의 대상이어야 하지 않을까? 그것은 단지 그저 관습이나 도덕이라는 사적 영역의 자연스러운 활동에 일임되어야 하는 문제일까?

물론 마키아벨리는 그렇지 않다고 말한다. 오히려 그는 이 영역이야말로 아주 중요한 정치적 영역이라고 생각하고 있는 것으로 보인다. 물론 관습이나 도덕과 같은 문제는 통념상 정치의 영역이 아니라 종교나 교육의 영역에 속한 것으로 이해된다. 하지만 그는 바로 종교와 교육과 같이 주체의 습속과 성향을 형성하는 장에서 작동하는 정치라는 문제를 제기한다.

[로마의 제2대 군주인 ―인용자] 누마는 인민이 대단히 거칠다는 점을 발견하고 나서 평화적인 수단을 통해 그들이 법률에 복종하도록 만들고자 했다. 여기서 그는 질서 정연한 국가를 유지하기 위해 전적으로 필요한 수단으로 종교에 주목하였다. 그리하여 그가 종교를 기초로 하여 국가를 확립한 결과, 오랜 시간 동안 신에 대한 외경이 로마 공화국만큼 강한 나라가 없게 되었다. 이는 원로원이나 로마의 위대한 인물들이 실천하고자 계획했던 정책이 무엇이든 그것을 원활히 수행하도록 만들었다. (『로마사논고』, 1권 11장)

누마는 로마를 창건한 최초의 군주인 로물루스의 후계자였다. 마키아벨리에 따르면 로물루스는 로마 최초의 입법자였지만 "하늘은 로물루스의 법률만으로는 그토록 위대한 제국을 만들기에는 불충분하다고 판단했기에" 누마라는 인물을 택하여 로물루스가 남겨 둔 과업을 완성하도록 했다. 누마가 법률만으로 완성될 수 없었던 로물루스의 과업 ―활력 있는 제국의 건설― 을 완성하기 위해 선택한 것은 종교의 창설이었다. 신에 대한 경외감을 로마 인민들에게 내면화하여 그들로 하여금 용기와 책임감 등과 같은 명예로운 행동을 진심으로 중요하게 생각하도록 만들었다는 것이다.

누마의 사례는 종교의 기능이 제도적 장치들만으로 장악할 수 없는 어떤 영역, 즉 인민들의 내적 성향과 습속에 특정한 경향을 부여하는 데 있음을 보여 준다. 그리고 누마는 종교적 관심에서만 이 차원을 주목한 것이 아니고 정치적 관심에서 그것의 중요성을 알고 있었다고 마키아벨리는 쓰고 있다. 인민들이 어떤 훌륭한(virtuous) 행동을 구체적으로 실행하는 것에 앞서서 그들이 그러한 행동을 할 수 있는 잠재적인(virtual) 자질을 구비하도록 하는 것이 바로 종교의 기능이었다. 역량(virtù)이라는 단어가 라틴어 비르투스(virtus)이고 이 단어로부터 잠재성(virtuality)이라는 단어가 파생되었음을 염두에 둔다면 역량이란 구체적 행동으로 나타나기 이전에 그러한 행동을 담지하고 있는 잠재적 차원을 일차적으로 지시하고 있음을 알 수 있다. 그리고 이 잠재적 차원이 바로 주체의 습속과 성향이다. 그렇다면 종교는 주체의 잠재적 습속과 성향의 차원에서 역량의 형성을 담당하는 정치적 기능을 가지고 있는 것이다. 이 주체 형성의 정치가 마키아벨리의 정치학이 다루는 정치의 또 다른 층위이다.

알튀세르는 마키아벨리 정치학의 근저에는 이데올로기의 정치라는 문제 설정이 놓여 있었다고 파악한다. 마키아벨리가 주체의 내적 성향과 습속의 문제가 가지는 정치적 중요성을 이해했던 것은 그가 정치에서 이데올로기의 문제를 중요하게 생각했다는 점을 의미하는 것이다. 이는 군주의 핵심적인 정치적 과업인 정치적 토대의 창출이라는 문제와 관련된다. 알튀세르에 의하면 마키아벨리가 말하는 군주란 16세기 이탈리아에서 이전까지는 존재하지 않았던 새로운 정치체의 창건을 자신의 임무로 삼는 완전히 새로운 정치적 주체이다. 그리고 군주는 이 과업을 위해서 무엇보다 '정치적 토대를 창출'해야 한다. 그런데 이 정치적 토대란 근본적으로 인민이다.

군주는 현존하는 사람들을 '빚어내야' 할 것인데, 그들은 자신들의 관습, 그리고 자신들의 종교적이고 도덕적인 법 속에서, 정치적 지배의 봉건적 형태의 상처를 지니고 있다. 다시 한번, 마키아벨리의 정치적 목적은 국가의 정체를 개혁하거나, 심지어 현존 국가의 형식적 틀 속에서 권력을 차지하려는 것이 아니라, 새로운 정치적 토대를 근본적으로 구성하려는 것이다. (알튀세르, 『마키아벨리의 가면』, 177쪽)

하지만 이 인민은 지금 여기의 이탈리아에 현존하는 인민, 봉건적 잔재에 의해 이미 오염되어 있는 낡은 인민이다. 현존하는 인민을 새로운 정치체를 구축하는 실천의 토대, 새로운 정치적 토대로 삼는 것은 어떻게 가능한가? 인민을 새로운 정치적 토대로 형성하는 작업은 우선 제도적 층위에서 이루어진다. 앞에서 보았던 군대와 법이 그것이다. 그 두번째 층위는 이데올로기이다. 알튀세르에 따르면 "마키아벨리에서 정치 이데올로기와 이데올로기의 정치적 실천의 문제는 두 가지 주제로 집중"된다(『마키아벨리의 가면』, 157쪽). 하나는 종교이고, 다른 하나는 인민에게 비춰진 군주의 외양, 즉 이미지이다.

이데올로기의 정치로서 군주의 외양, 군주의 이미지가 인민에게 미치는 효과 문제는 이미 3장에서 살펴본 바가 있기에 여기에서는 종교의 문제를 중점적으로 논의하도록 하자. 마키아벨리에게 현존하는 종교는 이데올로기의 정치라는 관점에서 설내도 무시힐 수 없는 현존 조건이었다. 종교는 "현존하는 지배적 대중 이데올로기"이기 때문이라고 알튀세르는 말한다.

니체주의자, 마키아벨리?

"스스로를 여전히 믿고 있는 민족은 자기네의 고유한 신 또한 갖는다. 신 안에서 그 민족은 그들을 정상에 위치시키는 조건들, 즉 그들의 덕을 숭배한다.──그 민족은 자신에 대한 기쁨을, 자신이 힘을 가지고 있다는 느낌을 그것에 대해 감사할 수 있는 존재에 투사한다. 풍요로운 자는 베풀기를 원한다 ; 긍지에 찬 민족은 희생하기 위해 신을 필요로 한다. …… 물론 : 한 민족이 몰락할 때 ; 미래에 대한 믿음, 자유에 대한 그들의 희망이 완전히 사라져 버렸다고 느낄 때 ; 복종이 가장 이로우며, 복종한 자의 덕목이 보존 조건이라고 그들이 의식할 때, 그들의 신 또한 바뀌지 않을 수 없다. 그는 이제 음험한 위선자가 되고 겁도 많아지고 겸손해져서 '영혼의 평화'를, 더 이상-증오하지-않기를, 관용을, 친구와 적마저도 '사랑'하기를 권할 것이다"(니체, 『안티크리스트』, 231~232쪽).

"왜 고대 사람들이 지금보다 더 자유에 애착을 가졌는지에 대해 생각해 볼 때, 나는 그것이 요즘 사람들을 나약하게 만드는 것과 동일한 원인에서 비롯되는 것이라고 결론을 내리는 바이다. 나는 그 원인이 근대 종교와 고대 종교 간의 차이 때문이라고 확신한다. 우리의 종교는 우리에게 진리와 참된 길을 제시해 주기 때문에, 우리로 하여금 세속적 영예를 덜 추구하게끔 만든다. 반면에 이교도들은 현세적 영예를 숭상하고 그것을 최고선이라고 믿기 때문에 매우 사납게 행동한다"(『로마사논고』, 2권 2장).

조각은 마르스 신을 모시는 의식을 위해 제물로 쓰일 짐승들을 끌고 가는 로마인들의 모습.

그는 그것을 전적으로 정치적인, 사실적 관점으로부터, 국가의 창건, 구성과 지속을 위한, 군대 곁에 있는 도구로서 사고한다. 그는 종교를 정치적 기능에 의해 규정되는 현존하는 실재로 취급한다. 이와 같이, 그는 단순히 그것을 종교의 이용과 전화의 조건 및 형태라는 정치적 문제로 제기한다. (『마키아벨리의 가면』, 157쪽)

그렇다면 이데올로기로서 종교의 기능이란 무엇인가? 종교 이데올로기는 인민이 군대와 법이라는 제도의 기능에 순복하기 위한 전제로서 작동한다. 종교 속에서 인민은 군대와 법이 지향하는 가치에 진심으로 '동의'하게 되는 것이다. 그저 표면적으로만 법을 지키고 군사적 규율을 따르는 시늉만 하는 것이 아니라 그것들이 좋은 것임을 인민이 심층에서부터 동의하게 되는 것은 그들이 종교라는 이데올로기 속에서 그 제도의 가치들을 승인할 때이다. "이데올로기라는 버팀목이 없다면, 국가에 대한 민중의 동의도 없다"(『마키아벨리의 가면』, 159쪽).

이처럼 마키아벨리에게 있어서 이데올로기는 자신의 적들과의 투쟁에서 승리하는 군주의 정치적 기예 못지않게 중요한 문제였다. 이탈리아에 이전까지는 결코 존재하지 않았던 새로운 국가를 창건하는 것, 국가 성원들의 자유와 평등이 보장되고 그들 사이의 내적 갈등이 국가의 역량을 더욱 강화하는 그런 정치체를 구축하는 것이 군주의 과업이라면, 여기에는 무엇보다 새로운 정치적 토대의 창출이 선행적으로 요구되었다. 그리고 마키아벨리는 이를 위해 인민들의 내적 습속과 성향을 변화시키는, 즉 그들의 주체성을 새롭게 구성하는 정치의 중요성을 이해하고 있었다. 군대와 법이라는 제도적 기능이 인민들의 자발적 동의로부터 작동하게 만드는, 다시 말해 인민들의 호감을 불러일으키게 하는 군주의 이미지와 종교의 필요성을 그는 잘 알고 있었다. 즉 이데올로기를 통해 국가에 대한 인민의 동의를 구축하는 것, 이것이 바로 마키아벨리의 역량의 정치학과 분리될 수 없는 이데올로기의 문제 설정이었다.

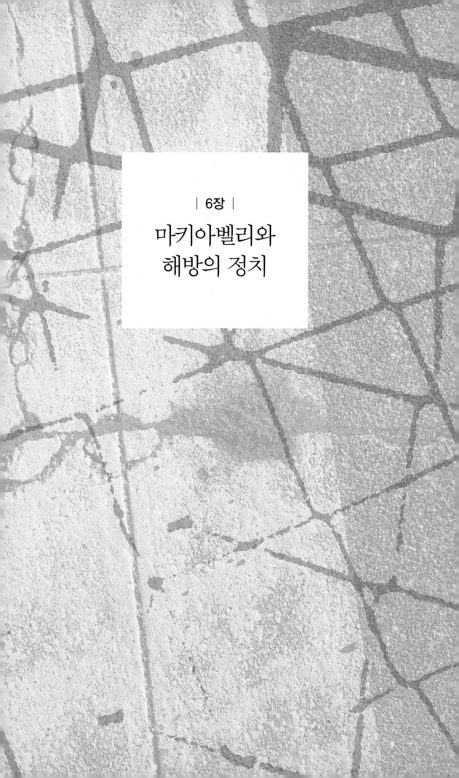

| 6장 |

마키아벨리와
해방의 정치

1_세계의 비참

우리는 이때까지 근대의 여명기인 16세기 이탈리아의 정세 속에서 매우 독특한 정치철학을 탄생시킨 한 사상가의 사유를 살펴보았다. 그리고 이 사상가의 문제의식에는 억압받고 압제당하는 이탈리아 인민들의 참혹한 상황이 놓여 있었다. 즉 이탈리아인들은 "이스라엘인들보다 더 예속되어 있고, 페르시아인들보다 더 억압받고 있으며, 아테네인들보다 더 지리멸렬해 있는 데다가 인정받는 지도자도 없고, 질서나 안정도 없으며, 짓밟히고, 약탈당하고, 갈기갈기 찢기고, 유린당하여, 한마디로 황폐한 상황"에 처해 있었던 것이다. 이탈리아 인민들은 이와 같은 황폐한 상황에서 어떻게 해방될 수 있는가? 그것이 16세기 근대의 새벽을 살아가던 마키아벨리의 문제의식이었다.

그러나 이러한 상황, '짓밟히고, 약탈당하고, 갈기갈기 찢기고, 유린당하는' 그러한 비참한 상황이 16세기 이탈리아의 인민들에게만 해당되는 것인지를 신자유주의가 지배하는 시대를 살아가는 우리는 되묻지 않을 수 없다. 이매뉴얼 월러스틴(Immanuel Wallerstein)은 1998년에 저술한 한 책에서 '자유주의' 세계질서 이후의 세계질서를 예측하면서 다음과 같이 말한 바 있다.

우리가 목격하게 될 것은 단순하고 느긋한 정치 논쟁이나 성가대 소년들 사이의 우호적인 토론이 아니다. 이는 죽느냐 사느냐의 차원에서 진행되는 투쟁일 것이다. 왜냐하면 우리는 지금 다음 500년간의 역사적 체제의 기초를 놓는 일에 대하여 논하고 있기 때문이다. 그리고 우리가 특권이 횡행하고 민주주의와 평등이 최소화된 단지 또 한 종류의 역사적 체제를 갖기 원하는지, 아니면 **인류가 알아 온 역사 최초로 그 반대 방향으로 움직이기를 원하는지**에 대해 논의하고 있는 것이다. (월러스틴, 『유토피스틱스』, 119쪽. 강조는 인용자)

역사적 사회주의가 몰락한 이후의 세계질서를 전망하면서 그는 그 시점이 세계체계가 재편성되는 과정이라 파악한다. 그리고 2000년을 기점으로 향후 25년에서 75년 정도 새로운 세계질서를 놓고 엄청난 투쟁이 벌어질 것이라고 예측한다. 그 투쟁의 결과에 따라서 앞으로 펼쳐질 사회의 모습은 매우 달라지게 될 것이라고 그는 말한다. 다시 말해, 2000년에서 2075년의 시기에 진행되는 투쟁의 결과가 향후 500년간 역사의 방향이 어느 쪽을 향하게 될지를 결정하리라는 것이다.

그런데 2000년으로부터 10년도 더 지난 지금 시대를 돌이보면, 역사는 그리 좋은 방향으로 흐르는 것 같지 않다. 역사적 사회주의가 붕괴하고 신자유주의라는 새로운 경제 질서가 전 세계를 장악하

세계의 비참

맑스는 『공산주의당 선언』에서 부르주아지를 찬양하며 이렇게 말한 바 있다. "부르주아지는 백 년도 채 못 되는 그들의 계급 지배 속에서 과거의 모든 세대들을 합친 것보다 더 많고 더 거대한 생산력들을 창조해 냈다"(『공산주의당 선언』, 405쪽). 하지만 아직은 자본주의가 서양에 국한되었던 맑스의 시대뿐만 아니라 자본이 완전히 전 지구를 정복한 세계화의 시대에도 자본의 그 거대한 생산력의 혜택을 받지 못하는 이들은 여전히 방대하게 존재한다. 더욱이 오늘날에는 착취조차 당하지 못하고 버려지는 인구들, 잉여인구가 갈수록 늘어나고 있다. 전 세계적으로 하루에 1달러 이하로 살아가는 사람들이 10억 명에 달한다. 광범위한 잉여인구가 현재의 자본주의 질서하에서 양산되고 있는 것이다.

게 된 이후 전 세계 인민들의 삶이 갈수록 피폐해지고 있는 것이다. 무엇보다 경제적 양극화가 극심해지고 있다. 사회학자 마누엘 카스텔에 따르면 "세계인구 중 극빈층 20%는 지난 30년간 세계 총 GDP 중 그들의 몫이 2.3%에서 1.3%로 줄어들었다. 한편 같은 기간 극부층 20%의 GDP 몫은 70%에서 85%로 증가했다. 세계 극부층 20%의 극빈층 20%에 대한 소득 비율이 1960년의 30대 1에서 1997년 74대 1로 벌어졌다"(카스텔, 『밀레니엄의 종언』, 104쪽). 신자유주의 질서가 지배하는 오늘날의 세계를 살아가는 가난한 이들은 생존권과 같은 최소한의 경제적 권리뿐만이 아니라 정치적 권리들도 보장받지 못하는 경우가 허다하다.

전 지구적 관점에서 보자면 이러한 불평등은 부유한 북반구의 중심 국가와 가난한 남반구의 주변부 국가 사이의 불평등인 것으로 보인다. 그러나 소위 중심부 국가 내부에도 가난하고 권리 없는 자들이 양산되고 있는 것이 오늘의 현실이다. 중심부 국가 내부에서도 배제되는 인구집단이 증대되고 있는 것이다. 이러한 내부적 배제를 잘 보여 주는 곳이 서구의 게토 지역이다. 예전에 게토는 저임금 노동자들이 사는 곳이었지만 오늘날 게토는 '직업이 없는 곳'이 되었으며, 이와 더불어 게토의 커뮤니티 기능까지 붕괴되면서 이곳은 전형적인 배제된 자들의 공간이 되었다. 이제 게토는 착취조차 당하지 못하는 '쓸모없는 인간들'이 내량생산되는 공간이 되어 버렸다.

한국의 상황 역시 이와 같은 전 지구적 흐름에서 비껴 서 있지 않은 것은 물론이다. 1997년의 금융위기 이후 본격적으로 시행된 신자유주의 정책들은 한국 사회에서도 사회적 배제를 경험하는 광범위한 인구를 창출했다. 이는 특히 다수 노동인구의 영구적 비정규직화와 구조적 실업이라는 양상으로 나타나고 있다. 전체 노동자들 가운데 비정규직이 차지하는 비율이 50%를 웃돌고 있으며, 특히 여성의 경우는 70% 이상이 비정규직 상태에 처해 있다. 또 다른 심각한 문제가 일자리 감소와 실업인구의 증가이다. 2009년 통계청이 발표한 자료에 따르면 실업률은 3.6%로 측정되어 경제협력개발기구(OECD) 국가 가운데 2위를 기록하였지만, 이 수치에는 실질 실업인구에 포함되는 취업준비자, 그냥 쉬고 있는 사람들, 18시간 미만 노동자 중 추가로 취업을 희망하는 사람들은 제외되어 있다. 이들을 포함시킬 경우 실질 실업률은 12%에 달하게 된다.

이러한 현상이 더욱 문제인 것은 단지 일시적인 경기불황 때문이 아니라 1997년 금융위기 이후 진행된 한국 경제의 구조조정에 의해 발생된 제도화된 현상이라는 점 때문이다. 대한민국은 제도적 불평등이 심화되고 그것이 영속화되는 사회구조를 갖춘 나라가 되었다. 그리고 이는 전 지구적 현상이기도 하다. 신자유주의의 전 지구화 이후 세계 곳곳에서 배제되는 인민들이 대량으로 양산되고 있다.

이들이 경험하는 세계의 비참은 16세기 이탈리아 인민들이 겪었던 그 황폐한 상황보다 결코 못하지 않을 것이다. 당시 이탈리아의 비참한 현실 속에서 마키아벨리가 던졌던 질문이 '황폐한 상황 속에서 고통당하는 이탈리아 인민들의 해방은 어떻게 가능한가?'였다면, 이 질문은 오늘 신자유주의 질서의 지배 속에서 피폐한 삶을 겨우 이어가는 배제된 인민들의 해방을 위해서도 유효한 것이지 않을까? 그리고 이탈리아 인민의 해방을 위한 마키아벨리의 정치적 기획과 같은 것이 오늘 배제된 인민들의 해방을 위해서도 필요하지 않을까? 오늘날 해방의 정치를 위한 기획에 마키아벨리는 여전히 어떤 가능성을 제공할 수 있을까?

2_마키아벨리와 해방의 정치

마키아벨리의 당파성이라는 문제

그러나 이 질문에 답변하기에 앞서서 다시 한번 확인해야 할 것이 있다. 과연 마키아벨리는 인민의 해방을 가장 우선시한 사상가인가? 마키아벨리는 군주정을 옹호했던 정치사상가가 아니었던가? 그는 정말 인민의 해방을 위해 이론적 작업을 수행한 해방의 이론가였던가? 그는 군주의 당파였던가, 아니면 인민의 당파였던가?

사실 이 질문에 대한 답은 『군주론』과 『로마사논고』의 관계를 규명하는 과정에서 이미 제시되었다. 마키아벨리의 궁극적 관심사는 통일된 이탈리아에 인민들의 역량이 발현될 수 있는 정체, 즉 로마와 같은 공화정을 세우는 것이었다. 그리고 마키아벨리에게 로마의 정체는 철저하게 인민의 자유에 기반한 정체였다. 그렇다면 마키아벨리는 근본적으로 군주의 절대권력을 옹호하기 위해 정치이론을 구성한 군주의 당파라기보다는 인민의 자유가 보장되는 정체를 구성하기 위해 사유한 인민의 당파에 속했다는 결론을 내릴 수 있을 것이다.

그러나 이러한 손쉬운 결론은 두 가지 문제를 야기한다. 첫번째는 마키아벨리의 사상에서 『군주론』이 갖는 위상 문제와 결부된다. 마키아벨리의 궁극적 관심사가 통일된 이탈리아에 로마와 같이 인민의 자유를 보장하는 정체를 세우는 것이라면 마키아벨리의 진면목은 『로마사논고』에 있게 된다. 그리고 『군주론』은 『로마사논고』라는 최종 목적지에 도달하기 위한 징검다리에 불과하게 된다. 더욱이 마키아벨리의 진면목이 공화주의자라면 절대권력을 가진 군주가 필요함을 호소한 『군주론』은 그의 사유에서 일종의 일탈이거나, 아니면 위장에 지나지 않을 것이다. 일탈이라 함은 공화주의자였던 마키아벨리가 메디치 가문 지배하의 피렌체 정부로 복귀하기 위해서 군주주의자의 제스처를 취하였다는 것이고, 위장이라 함은 군주에게 잘못된 충고를 하고 군주가 그것을 따르게 함으로써 군주를 파멸시키기 위한 전략이라는 것이다(가령 루소는 『사회계약론』에서 『군주론』을 "공화주의자의 책"이라고 말한 바 있다). 하지만 그렇게 되면 『군주론』은 마키아벨리의 사상에서 유의미한 위치를 점하기 힘들게 된다. 거기에는 마키아벨리의 본령이 전혀 담겨 있지 않기 때문이다.

이 입장은 어쨌든 『군주론』과 『로마사논고』에 일정한 단절이 있다는 생각을 전제하고 있지만, 이는 이미 보았던 바와 같이 타당하지 않다. 기본적 세계관을 비롯하여 군주정체에 대한 생각에 이르기까지 『로마사논고』는 『군주론』과 연속된다. 이 연속성을 어떻게 이해할 것인가.

두번째 문제는 이 연속성과 연관되는데, 『로마사논고』에 긍정적으로 묘사되고 있고 암묵적이나마 통일된 이탈리아가 추구해야 할 정체로 제시되는 로마 공화정이 오늘날의 의미에서 민주정에 해당되지 않는다는 사실에 있다. 그는 인민이 지배자가 되는 정체로서 공화정이 아니라 인민, 귀족, 군주가 동시에 권력에 참여하는 혼합정을 로마 공화정의 요체로 제시하고 있는 것이다. "마키아벨리가 공화국의 특권적 사례로 간주한 로마는, 우리가 아는 바처럼 단순한 공화국과는 전혀 별개의 것"(『마키아벨리의 가면』, 120쪽)이라는 알튀세르의 지적처럼 이 공화정은 '민주' 공화국은 아니었다. 오히려 여전히 공화정의 형태 속에서도 군주적 계기가 매우 강력하게 작동하는 공화국이었다. 더욱이 마키아벨리는 인민들의 전일적이고 전면적인 지배, 즉 민주정을 『로마사논고』에서도 명시적으로 반대하고 있다. 좋은 정체는 반드시 인민, 군주, 귀족이라는 세 가지 계기가 공존하는 혼합정이어야 한다. 통일된 이탈리아에는 여전히 귀족과 군주가 남아 있다는 것이다.

그렇다면 우리는 마키아벨리가 인민의 당파라고 손쉽게 단정 짓기 어렵게 된다. 다시 말해, 마키아벨리가 비록 인민의 자유에 기반한 정체를 가장 좋은 정체로 제시하고 있고, 그러한 사상이 『로마사논고』에서 집약적으로 표출되고 있지만, 군주의 지배를 강조한 『군주론』의 세계관이 『로마사논고』와 연속적이고, 그가 강조하는 로마 공화정이 '민주정'이 아니라 여전히 군주적 계기와 귀족적 계기와 더불어 공존하는 혼합정이라는 사실은 마키아벨리의 정치 노선을 인민의 지배를 옹호하는 인민의 당파에 속한다고 보기 어렵게 만드는 점이 있다는 것이다. 그렇다면 마키아벨리의 정치적 노선을 해방의 정치학이라는 전통 속에서 읽는 것은 불가능한 것일까?

인민, 모든 권력의 토대

결론부터 말하자면 우리는 마키아벨리를 해방적 정치의 노선 속에서 읽을 수 있다고 생각한다. 물론 그렇게 읽어 내는 마키아벨리는 낯선 얼굴을 한 마키아벨리일 것이다. 심지어 그러한 마키아벨리의 초상화는 그 자신에게조차도 자기의 낯선 얼굴을 보여 주는 초상화일지도 모른다. 하지만 마키아벨리의 낯선 초상화를 그리는 작업이 마키아벨리와 무관한 얼굴에 그의 이름을 붙이려는 시도를 의미하는 것은 아니다. 이러한 독해는 마키아벨리의 정치적 사유를 구성하는 계기들을 그 근저에서부터 다시 읽는 작업을 의미한다. 그리하여 그 계기들이 맺고 있는 관계를 새롭게 구축하는 방식으로 말이다.

정치에 대한 마키아벨리의 사유가 지니는 해방적 성격의 가장 분명한 차원은 그가 정치의 근본적 모판을 인민으로부터 찾고 있다는 점에 있다. 이미 수차례 강조했듯이 마키아벨리에게 정치란 철저하게 '역량'의 문제이다. 그가 『군주론』에서 전개하고 있는 군주의 정치적 테크네들은 군주의 역량을 강화하기 위한 실천적 매뉴얼이며, 『로마사논고』에서 예찬하는 로마의 혼합정은 국가의 역량이 가장 뛰어나게 실현될 수 있는 정치체제였다. 마키아벨리가 말하는 역량이란 끊임없이 변전 유동하는 외부적 조건들에 적응하며 그것을 활용하여 자신이 하고자 하는 바를 할 수 있는 능력(potentia), 자신의 의지를 구현할 수 있는 권능(macht)과 같은 것이다.

그런데 마키아벨리는 정치의 역량이 철저하게 인민에게 근거를 두고 있다고 생각한다. 이는 인민의 자유가 보장되는 정체를 탐구하는 『로마사논고』에서만 관철되는 생각이 아니다. 그는 군주의 역량을 다루는 『군주론』에서도 결국 군주의 역량은 인민에게 근거할 수밖에 없다고 생각한다. 군주의 역량은 정치적 제도의 층위에서는 권력(potestas)이라는 형태를 취한다. 그런데 그 권력의 기반은 무엇보다 인민이다.

마키아벨리는 군주의 권력 기반은 반드시 인민에 기초하고 있어야 한다고 주장한다. 그는 자신의 이러한 견해에 대해서 "'인민 위에 서 있는 자는 진흙 위에 서 있는 것과 같다'라는 케케묵은 격언을 인용하면서 저의 주장에 의구심을 표해서는 안 됩니다"라고 말한다(『군주론』, 9장). 인민에 기초하는 군주의 권력이란 위태로울 수밖에 없다는 주장을 마키아벨리는 철저하게 반대한다. 인민이야말로 권력의 가장 확고한 토대이다.

> 인민들을 토대로 하여 군주가 되고 인민들을 부리는 법을 알며, 용맹이 뛰어나서 역경에 처해도 절망하지 않고 자신의 기백과 정책을 통해서 인민들이 사기를 잃지 않도록 할 수 있는 군주라면, 인민들에게 배반당하는 일은 결코 없을 것이며 자신의 권력이 확고한 토대 위에 서 있음을 알게 될 것입니다. (『군주론』, 9장)

이 문장은 군주국의 다양한 유형 가운데서 시민형 군주국을 논하면서 쓴 것이다. 『군주론』의 앞부분에는 군주국의 다양한 유형들이 제시되는데, 그 가운데 시민형 군주국을 마키아벨리는 가장 바람직한 군주국의 형태로 제시하고 있다. 그는 세습형 군주국보다는 신생 군주국에 관심을 보이며, 신생 군주국 가운데서도 시민형 군주국, 즉 시민들에 의해서 옹립된 군주가 통치하는 국가를 자기 당대 이탈리아의 현실에 가장 적합한 군주국의 형태로 보았다(월린, 『정치와 비전』 2권, 68~69쪽).

그런데 이 시민형 군주국의 군주는 자기 권력의 토대를 인민에게 두어야 한다는 것이다. "인민들의 호의로 군주가 된 사람은 그들의 환심을 계속해서 사도록 노력"해야 된다고 마키아벨리는 군주에게 충고한다. 그 일차적인 이유는 무엇보다 인민이 다수라는 사실에 있다. 이 군주국에는 인민 집단과 귀족 집단이 공존한다. 그런데 군주는 귀족에 의지하기보다는 인민에 의지해야 한다. 왜냐하면 "군주는 적대적인 인민들로부터 자신을 결코 보호할 수 없는데, 인민들은 우선 숫자가 많기 때문"이다. 반면 군주가 자신에게 적대적인 귀족으로부터 자신을 보호하는 것은 어렵지 않은데 그 이유는 귀족집단의 "숫자가 적기 때문"이다(『군주론』, 9장).

이러한 마키아벨리의 생각은 그가 인구를 국력의 핵심적 차원 가운데 하나로 설정하고 있다는 점을 고려한다면 어렵지 않게 이해가 된다. 마키아벨리는 『로마사논고』에서도 로마가 강성해진 중요한 이유 가운데 하나를 인구의 성장에서 찾고 있다. "도시를 위대한 국가로 만들 것을 계획하는 자들은 모든 지혜를 발휘하여 도시가 주민들로 가득 찰 수 있도록 온갖 노력을 다해야 할 것이다. 인구가 많지 않으면 도시를 위대하게 만드는 데 결코 성공하지 못할 것이기 때문이다"(『로마사논고』, 2권 3장).

이러한 마키아벨리의 입장은 인구의 다수성으로부터 인재의 다양성이 나온다는 생각으로부터 비롯되는 것이다. 마키아벨리는 로마가 강성해질 수 있었던 원인 가운데 하나를 필요에 따라 다양한 인재를 충원받을 수 있는 다수의 인구가 존재한다는 사실에서 찾았다. 전시에는 전략과 전투에 능한 인재를, 문화적 발전에서는 예술적 재능이 있는 인재를, 정치적 안정기에는 국가를 잘 운영할 수 있는 인재를 로마의 방대한 인구가 적시에 공급했다는 것이다(김경희, 「마키아벨리의 국가전략」).

또 하나 염두에 두어야 할 것은 마키아벨리가 군주의 권력을 유지하고 국가의 존속을 위해서 가장 필요한 요소로 꼽았던 것이 바로 국민군이라는 사실이다. 자신의 의지에 따라서 전쟁을 수행할 수 있는 군주 자신의 군대는 군주국가의 핵심 역량인데, 이 국민군은 바로 인민으로부터 충원된다. 당연히 인민의 수가 많을수록 군인의 수도 많아지며, 군인의 수가 많을수록 군대의 힘은 강해진다.

이는 결국 국가의 기반이 그 국가를 구성하는 다수적 존재가 누구인가에 달려 있음을 의미한다. 귀족은 소수이다. 그러므로 국가의 기반을 구성할 수 없다. 하지만 인민은 다수이다. 그렇기 때문에 그들로부터 다양한 인재들이 나올 가능성이 높고, 그들로부터 국가 독립에 가장 핵심적인 요소인 국민군이 구성될 것이다. 그러니 이 다수의 존재인 인민, 즉 다중(multitudo)이야말로 국가의 근간이라 할 수 있다. 그렇기 때문에 이 다수 인민을 적으로 돌려서는 군주가 결코 자신의 권력을 안정화시킬 수 없다. 군주의 권력은 오히려 국가의 근간인 인민들에 기반해야 한다고 마키아벨리는 말한다.

그리고 이는 단지 시민들에 의해 옹립되는 시민형 군주국의 군주에게만 국한되지 않는다. 『군주론』에서 마키아벨리는 인민의 지지야말로 모든 군주 권력의 기반이라고 주장한다. 가령 마키아벨리는 군주가 요새를 건축하는 문제를 다루는 부분에서도 군주가 자신의 안전을 지키기 위해서 정말 절실하게 필요로 하는 것은 요새가 아니라 인민의 지지라고 말한다.

따라서 군주가 가질 수 있는 최선의 요새는 인민에게 미움을 받지 않는 것입니다. 만약 당신이 요새를 가지고 있더라도 인민이 당신을 미워한다면, 요새가 당신을 구하지 못할 것입니다. 왜냐하면 인민이 봉기하면 그들을 지원할 태세가 되어 있는 외세가 반드시 출현하기 때문입니다. (『군주론』, 20장)

마키아벨리는 군주의 권력은 요새와 같은 물리적 도구만으로 유지될 수 있는 것이 아니라고 보았다. 심지어 이런 물리적 도구들만을 중시하는 것은 오히려 권력의 유지와 강화에 위험요소가 된다고 말한다. 요새와 같은 물리적 도구에만 의지하게 되면 인민들의 지지를

결코 무능력하지 않은, 결코 무지하지 않은 다중

다중이란 기본적으로 그 수가 많다는 의미를 가진다. "다중이란 다수로서의 다수의 사회적·정치적 실존 형태이다"(비르노, 『다중』, 38쪽). 그러나 그들은 단지 많을 뿐만 아니라 하나의 질서에 의해 통합되기 힘든 서로 이질적인 요소들로 가득한 무리이다. 그래서 서양의 정치사상은 이 다수의 존재들을 정치적으로 결합시킬 수 있는 계기들을 고민해 왔다. 주권을 중심으로 사유하는 전통에서 보자면 홉스가 말하는 사회계약에 의해 옹립되는 절대군주, 헤겔이 제시하는 보편적 윤리인의 구현자인 인륜적 국가 등이 그것이다. 이는 혁명적 전통에서도 마찬가지이다. 혁명의 시기에 자연스럽게 등장하는 코뮌이나 소비에트를 비롯하여 혁명가들이 강조하는 정당, 즉 레닌의 전위정당이나 그람시의 정치정당 등이 바로 다중을 결합시키는 계기일 것이다. 최근 다중의 정치적 결합을 위한 형식으로서 네트워크에 대한 논의 역시 이러한 맥락에 속해 있다. 마키아벨리의 군주 역시 다중의 정치적 결합을 위한 계기라는 것은 다시 말할 필요가 없을 것이다.

소홀히 여길 수 있기 때문이다. 권력의 참된 토대인 인민의 힘을 망각하게 되는 것이다. 마키아벨리가 보기에는 "요새에 의존하는 것보다도 인민에게 미움을 받지 않는 것"이 군주를 "더욱 안전하게 보호"할 것이며, 그렇기 때문에 "요새를 너무 믿고 인민의 미움을 사는 것을 개의치 않는 군주는 비난받아 마땅"한 것이다.

그리고 이러한 입장은 군주의 권력을 찬탈하려는 음모에 대한 대비책을 논하는 자리에서도 동일하게 반복된다. 음모에 대한 최고의 대비책은 인민의 지지를 받는 것이라고 마키아벨리는 말한다. "군주가 음모에 대비할 수 있는 최선의 안전책들 중 하나는 인민에게 미움을 받지 않는 것입니다"(『군주론』, 19장).

군주가 자신의 권력을 유지하고 강화하는 최선책은 인민의 지지, 인민과의 우호적 관계라는 것은 『로마사논고』에서도 일관되게 유지되는 생각이다. 인민이 다수이고, 이 다수는 국가의 근간을 이루는 힘이며, 이 다수의 힘에 기반하고 있어야 군주는 자신의 권력을 안정화할 수 있다.

진정으로 나는 다중이 그에게 적대적이기 때문에 자신의 권좌를 장악하기 위해 불법적인 방법을 취할 수밖에 없는 군주는 불운하다고 생각한다. 왜냐하면 단지 소수를 적으로 둔 자는 쉽게 그리고 폭력에 자주 호소하지 않으면서도 자신의 안전을 보전할 수 있지만, 인민을 적으로 둔 자는 일반적으로 자신의 안전을 도모할 수 없기 때문이다. 그리고 잔인한 수단을 많이 사용하면 할수록 그의 왕국은 더욱 허약해진다.

그러므로 그가 가진 최상의 방책은 인민을 그에게 우호적으로 만들려고 노력하는 것이다. (『로마사논고』, 1권 16장)

그렇기 때문에 엄밀하게 보자면 군주의 권력이란 군주 개인의 역량으로부터만 나오는 것이 아니다. 오히려 더욱 중요한 것은 다수의 무리들로서 인민의 공동 역량이 군주의 권력의 원천이라는 사실이다. 이 다수 무리들의 지지, 그 다수로부터 나오는 능력의 다양성, 그리고 그 다수로 구성되는 군대 등이 바로 군주의 권력의 토대를 구축하며 국가의 유지를 가능하게 만드는 근거라고 할 수 있다. 스피노자의 말처럼 국가의 힘은 "하나의 정신으로 인도되는 다중의 힘"으로부터 나오는 것이다(『정치론』, 62쪽). 그리고 군주는 그 힘의 조직자이다. 인민은 군주의 정치적 의지를 실현하기 위한 활동의 원천적 힘인 것이다.

그러나 『군주론』에서 이 인민의 역량은 아직 잠재적인 것이다. 그것은 자신의 현실적 표현 형태를 군주 권력으로 취하고 있다. 모든 권력의 기초이자 원천으로서 인민의 힘은 아직 자기 자신에 적합한 현실적 형태를 얻지 못하고 있다. 혹은 인민의 역량이 정치적으로 현실화될 정치적 배치는 아직 『군주론』에 나타나 있지 않다.

다중의 힘, 혹은 인민의 잠재력을 현실화시키는 정치적 배치는 『로마사논고』에 이르러 일정하게 나타난다. 『로마사논고』에서 마키아벨리의 입장은 분명하다. 인민의 역량이야말로 국가가 지속될 수 있는 원인이다. 그리고 이미 보았듯이 인민의 역량은 그들이 자유로울 때, 그리고 그들의 평등이 보장되는 제도 속에서 가장 잘 발휘된다. 자유롭고 평등한 인민들에 기초한 정체로서 로마 공화정이 보여주는 바가 바로 이것이다. 인민이야말로 모든 정치적 가능성의 중심이며 그것은 혼합정체로서 로마 공화정이라는 배치 속에서 드러나는 것이다.

인민이라는 다수성이 모든 권력, 나아가서 정치적 역량을 가능하게 일차적 힘이라는 마키아벨리의 이 생각은 이후 수많은 근대적 공화주의 정치사상가들과 민주주의 혁명가들의 핵심적 사상, 즉 국가의 최고 권력은 인민으로부터 나온다는 사상과 일정하게 공명한다. 인민이야말로 모든 정치적 권리의 근원이며 모든 정부 형태를 기초짓는 질료라는 것, 그리고 그들이야말로 자신들이 기초하는 정부 형태를 변혁시킬 수 있으며, 자신에 기초하여 국가의 모든 권리 규정을 재창출할 수 있다는 사상의 한 형태, 즉 제헌권력의 주체로서 인민에 대한 사유의 어떤 형태를 우리는 마키아벨리에게서 발견할 수 있는 것이다. 그런 의미에서 네그리의 말대로 마키아벨리는 바로 인민의 제헌권력을 사유한 정치철학의 전통과 연결될 수 있는 것이다.

군주의 적과 동지

하지만 마키아벨리의 『군주론』이 잠재적으로 인민을 정치를 가능하게 하는 근원적 모판으로 파악하고 있고, 모든 정치권력의 근본적 토대로 설정하고 있다고는 하지만, 분명 일정하게 인민의 자유를 억압하는 것이 필요함을 논하고 있는 것은 사실이지 않은가. 그렇다면 마키아벨리를 해방의 정치라는 전통 속으로 끌어들이는 것은 여전히 무리수가 아닐까?

이러한 반문이 일정한 타당성을 가지고 있음을 부인할 수는 없을 것이다. 분명 마키아벨리는 군주가 신민의 자유를 무제한적으로 방치해서는 안 된다고 말하며, 때로는 인민들을 통제하기 위해 공포의 힘을 활용하는 것도 불사해야 한다고 말한다. 군주와 인민 사이에는 일종의 긴장 관계가 존재한다. 하지만 이미 보았듯이 인민을 제어하기 위한 군주의 강제력은 결코 군주 개인의 이익을 위해서 행사되어서는 안 된다. 인민의 자유가 개개인의 사적 이익 추구로 변질되어 공동의 이익을 위기에 처하게 만들 경우, 인민들이 서로에게 휘두르는 사적 폭력을 제어할 필요가 있는 경우, 군주는 폭력의 사용과 그로부터 발생되는 공포를 활용해야 하는 것이다.

마키아벨리는 군주가 폭력의 계기와 공포의 계기를 통해서 지배를 관철해야 하는 존재라는 것을 부정하지는 않는다. 그런데 『군주론』을 면밀하게 살펴보면 군주가 자신의 절대적 권력으로 공포감을 조성하고 폭력으로 제어해야 하는 일차적 대상은 사실상 인민이 아니다. 공포와 폭력이 겨냥하는 대상은 무엇보다 귀족 집단이다.

『군주론』에서 군주의 권력을 위협하는 존재는 인민이 아니라 귀족으로 나타난다. 귀족이란 언제나 타인을 지배하려는 성향을 가진 존재이기 때문에 군주에게는 경쟁자가 된다.

귀족의 도움으로 군주가 된 사람은 인민의 도움으로 군주가 된 사람보다 권력을 유지하는 것이 훨씬 더 어렵다는 점을 깨닫게 될 것입니다. 왜냐하면 스스로를 그와 대등하다고 생각하는 많은 사람들이 그 주위에 있어서 그가 원하는 대로 명령을 내리거나 그들을 다룰 수 없기 때문입니다. (『군주론』, 9장)

마키아벨리는 『군주론』과 『로마사논고』에서 시종일관 귀족에게 적대감을 드러내 보이는데, 이는 그들이 무엇보다 인민의 자유를 억압하는 자들이기 때문이다. 마키아벨리가 보기에 군주가 "타인을 해치지 않고 명예롭게 행동함"으로써 "귀족들을 만족시킬 수는 없다". 그러한 명예로운 통치에 만족하는 존재들은 귀족이 아니라 인민이다. "인민들의 목표는 귀족들의 목표보다 더 명예롭기 때문"이며, "즉 귀족들은 단지 억압하고자 하는 데에 반해서 인민들은 단지 억압당하는 데에서 벗어나고자 하기 때문이다". 그렇기 때문에 군주가 여우의 계략과 사자의 폭력으로 억압해야 하는 대상은 인민이 아니라 바로 귀족인 것이다. 왜냐하면 귀족들이란 "군주가 역경에 처하면 언제라도 군주를 파멸시키기 위해서 갖은 노력을 다할 것이기 때문"이다 (『군주론』, 9장).

귀족 집단에 대한 마키아벨리의 적대감은 당대 이탈리아 상황을 고려해 본다면 어렵지 않게 이해될 수 있다. 피렌체를 비롯한 이탈리아 도시국가들은 당시 여러 귀족 가문들의 통치 아래 있었다. 사실 피렌체 공화정이라는 것도 그 실상은 귀족이 헤게모니를 쥐고 있는 귀족형 공화정이었다. 귀족들은 자신들의 지배를 관철시키기 위해서 인민들의 자유를 제한하고 그들의 무장을 해제하였으며, 국방은 용병들에게 의지하고 필요에 따라서는 외세를 불러들여 이탈리아 통일의 방해 요소로서 역할을 하였다. 단지 자신들의 금전욕과 지배욕을 관철시키기 위해서 그들은 이탈리아 전체를 황폐화시킨 것이다.

반면 인민이 원하는 것은 단지 자유일 뿐이다. 이때 자유란 타인을 억압함으로써 확보하게 되는, 지배에 바탕한 자유가 아니라 억압받지 않고 자신의 생활을 안전하게 유지하는 그러한 자유였다. 그렇기 때문에 이탈리아의 통일을 위해서 군주의 사자와 같은 폭력이 필요한 대상, 군주의 여우와 같은 계략이 사용되어야 할 대상은 근본적으로 인민이 아니라 귀족이었던 것이다.

마키아벨리가 『군주론』에서 말하고자 했던 바는 정확히 군주가 이탈리아에 통일된 국가를 세우기 위해서는, 그리고 자신의 권력을 유지하고 강화하기 위해서는 귀족이 아니라 인민에 의지해야 한다는 것, 군주의 적이 귀족이라면 군주의 동지는 인민이라는 것, 다시 말해서 귀족과 대항하기 위한 인민과의 연합전선이 필요하다는 것이었다. 알튀세르가 지적한 것처럼 "마키아벨리의 당파성은 분명하다. '수없이 많은 법——또는 그가 다른 곳에서 말하듯이, 법의 체계——에 의해 구속되는' 군주의 정부는 인민과 귀족의 투쟁에서 인민의 편을 택하는 군주의 정부이다"(알튀세르, 『마키아벨리의 가면』, 110~111쪽).

마키아벨리의 군주정과 맑스의 프롤레타리아 독재

여기서 우리는 『군주론』이 이행의 정치를 사유하고 있음을 알 수 있다. 사분오열된 이탈리아의 황폐한 상황으로부터 독립이 유지되고 인민의 자유가 보장되는 혼합정체의 공화정으로 이행이라는 문제의식. 이러한 이행이 구체적으로 어떤 방식으로 이루어져야 하며 이때 어떤 정치적 행위와 전략이 필요한가라는 질문이 『군주론』을 가로지르고 있는 것이다. 군주의 정치적 테크네를 구성하는 여우와 사자의 계기, 즉 계략과 폭력, 정치공동체 구성원에게 강요되는 공포와 폭력은 이 맥락에서 나타난다. 그리고 이와 같은 공포와 폭력은 이행의 장애 요소인 귀족에게 일차적으로 정향되어 있다. 이탈리아 통일과 인민의 자유의 적인 귀족계급에 대한 폭력적 억압이라는 테마 속에서 우리는 군주의 폭력을 해석할 필요가 있는 것이다.

흥미롭게도 우리는 이러한 이행의 과정에서 나타나는 '억압 세력에 대한 억압, 수탈자에 대한 수탈'이라는 정치적 전략이 해방적 정치의 전통 속에서 분명하게 나타난 사례를 알고 있다. 그것은 말할 것도 없이 맑스주의 정치학의 중요한 테마 가운데 하나인 '프롤레타리아 독재'라는 관념이다.

맑스와 엥겔스는 1848년 자신이 속한 조직인 '공산주의자 동맹'의 강령적 문건을 작성하면서 그 글에 '코뮤니스트 선언'이라는 제목을 단다. 그리고 모든 코뮤니스트 정치조직은 무엇보다 프롤레타리아가 국가권력을 장악하는 지배계급이 되는 것을 목적으로 활동해야

이행의 정치와 독재의 문제

"자본주의 사회와 공산주의 사회 사이에는 전자에서 후자로의 혁명적 전환의 시기가 놓여 있다. 또한 이 시기에 상응하는 정치적 이행기가 있으니, 이때의 국가는 프롤레타리아의 혁명적 독재 이외에 다른 것일 수가 없다"(맑스, 「고타 강령 초안 비판」, 385~386쪽).

"[부패한―인용자] 기본적 제도를 일거에 개혁하는 경우에 관해 말하자면, 모든 이가 그것이 적절하지 않음을 깨닫게 될 때, 쉽게 파악된 그 유해한 성격은 고치기가 대단히 어렵다. 왜냐하면 이를 위해서는 합법적인 조치의 사용은 잘 듣지 않으므로 충분하지 않고, 폭력이나 무력과 같은 비합법적인 수단에 호소하는 것이 필요하기 때문이다. 이러한 경우에는 다른 무엇보다도 그 도시의 지배자가 되어 자신의 뜻대로 도시를 다스릴 수 있는 권력을 장악하는 것이 급선무이다"(『로마사논고』, 1권 18장).

그림은 1871년 파리 시청 앞에서 파리코뮌이 선언되는 장면.

한다고 그들은 말한다. 이때 국가권력을 장악한 프롤레타리아는 부르주아적 질서를 파괴할 것인데, 이는 "처음에는 소유권과 부르주아적 생산관계들에 대한 **전제적 침해**를 통해서만" 이루어질 수 있다(맑스·엥겔스, 『공산주의당 선언』, 420쪽, 강조는 인용자).

지배계급이 된 프롤레타리아는 전제적 수단을 통해서 부르주아를 억압한다. 단지 부르주아 개인들을 억압하는 것이 아니라 그들의 지배하에 형성된 질서, 사적소유 제도와 자본주의 생산관계들에 대한 '전제적 침해'를 통한 파괴라는 양상으로 이 억압은 진행된다. 이것이 프롤레타리아 계급 지배의 핵심적 내용이며, 그들이 장악한 정치권력이 휘두르는 폭력의 일차적 내용이다. 하지만 프롤레타리아 계급의 정치권력 장악과 부르주아 질서에 대한 폭력적 억압은 어디까지나 이행의 시기에 국한된다.

발전 과정 속에서 계급적 차이들이 소멸되고 모든 생산이 연합된 개인들의 수중에 집중되면, 공권력은 그 정치적 성격을 상실하게 될 것이다.……만일 프롤레타리아트가 부르주아지에 대항하는 투쟁에서 필연적으로 계급으로 단결되고 혁명을 통해 스스로를 지배계급으로 만들고, 또 지배계급으로서 낡은 생산관계들을 폭력적으로 폐기하게 된다면, 그들은 이 생산관계들과 아울러 계급 대립의 존립 조건들과 계급 일반을 폐기하게 될 것이고, 또 이를 통해 계급으로서의 자기 자신의 지배도 폐기하게 될 것이다. (『공산주의당 선언』, 420~421쪽)

이러한 생각은 이후 1848년 프랑스 혁명기와 1871년 파리코뮌을 거치면서 '프롤레타리아 독재'라는 개념으로 정식화되며, 이는 억압자들의 반동을 격퇴하기 위한 폭력, 과거 사회질서의 폐절을 위한 폭력이 동반되는 프롤레타리아의 지배를 의미하게 된다. 억압 없는 사회, 수탈 없는 사회로서 코뮤니즘 사회에 도달하는 과정에서 요청되는 억압자들에 대한 억압, 수탈자들에 대한 수탈로서의 프롤레타리아 독재가 필요하다는 것이다. 그리고 프롤레타리아는 결국 자신의 지배를 통해 지배 자체를, 자신들이 지배계급이 되는 것을 통해서 계급 자체를 폐지하는 데까지 나갈 것이다.

우리는 이렇게 마키아벨리의 군주에게서 억압자에 대한 억압, 수탈자에 대한 수탈을 실행하는 독재자의 모습을 발견하게 된다. 여우의 계략과 사자의 폭력이 인민이 아니라 인민의 억압자, 인민의 수탈자인 귀족을 일차적으로 겨냥한다는 것은, 자유의 정체에 도달하는 데에 핵심적 장애물이 귀족이기에 이들에게 공포감을 심어 주고 이들을 폭력으로 통제할 필요가 있다는 것은, 그리하여 사분오열되어 황폐한 상황에 놓인 이탈리아의 현재적 질서로부터 인민의 자유에 기반한 통일된 국가라는 미래적 질서로 이행하고자 하는 기획은 근대의 새벽에 제시된 또 다른 해방을 위한 독재의 기획이 아닐까?

마키아벨리에 따르면 군주의 독재 권력을 통해 창건된 국가가 잘 유지되기 위해서는 더 이상 군주정이라는 국가 형태를 고집해서는 안 된다고 한다. 국가 형태는 공화정으로 변형되어야 한다. 군주는 오로지 자신의 일인 지배를 폐지하기 위해서만 군주국을 창건하는 것이고, 공화정으로 이행하기 위해서 군주정에서 시작한다는 것이다. 마치 프롤레타리아가 지배계급이 되는 것은 계급을 폐지하기 위해서인 것처럼, 그들이 정치권력을 쥐는 것은 정치권력을 없애기 위해서인 것처럼 말이다. 이렇게 마키아벨리의 군주정, 절대군주에 의한 독재라는 기획은 맑스의 프롤레타리아 독재와 닮아 있다. 신자유주의적 지배 질서하에서 인민의 역량이 처절하게 파괴되고 인민의 삶이 피폐해질 대로 피폐해져 가는 오늘날, 인민의 해방을 갈망하는 정치적 실천은 저 탐욕스러운 지배자들에 대한 군주의 비정한 계략과 폭력을 결코 외면할 수 없을 것이다.

부록

군주론의 원목차

이 책에서 인용한 참고문헌

그람시, 안토니오, 『그람시의 옥중수고 1: 정치편』, 이상훈 옮김, 거름, 1999.

김경희, 『공화주의』, 책세상, 2009.

_____, 「마키아벨리의 국가전략: '저변이 넓은 정체'(governo largo)에 기반한 힘과 유연성의 전략」, 『정치사상연구』 제11집 1호, 2005, 133~151쪽.

_____, 「비르투 로마나를 중심으로 본 마키아벨리의 공화주의」, 『한국정치학회보』 제39집 제1호, 2005, 25~44쪽.

네그리, 안토니오, 『굿바이 미스터 사회주의: 사회주의 이후, 좌파운동을 말하다』, 박상진 옮김, 그린비, 2009.

네그리, 안토니오·마이클 하트, 『제국』, 윤수종 옮김, 이학사, 2001.

니체, 프리드리히, 『안티크리스트』, 백승영 옮김, 『니체 전집 15: 바그너의 경우 외』, 책세상, 2002.

들뢰즈, 질, 『스피노자의 철학』, 박기순 옮김, 민음사, 2001.

_____, 서창현 옮김, 「정동이란 무엇인가」, 자율평론 기획, 『비물질노동과 다중』, 갈무리, 2005.

마키아벨리, 니콜로, 『군주론』, 제3판 개역본, 강정인 옮김, 까치, 2008.

_____, 『로마사논고』, 강정인 옮김, 한길사, 2003.

맑스, 칼, 「고타 강령 초안 비판」, 『칼 맑스·프리드리히 엥겔스 저작 선집 4』, 최인호 외 옮김, 박종철출판사, 1995.

_____, 『데모크리토스와 에피쿠로스 자연철학의 차이』, 고병권 옮김, 그린비, 2001.

_____, 「루이 보나파르트의 브뤼메르 18일」, 『칼 맑스·프리드리히 엥겔스 저작 선집 2』, 박종철출판사, 1993.

_____, 『정치경제학 비판을 위하여』, 김호균 옮김, 중원문화사, 2007.

_____, 「헤겔 법철학의 비판을 위하여 서설」, 『칼 맑스·프리드리히 엥겔스 저작 선

집 1』, 박종철출판사, 1991.

맑스, 칼·프리드리히 엥겔스,『공산주의당 선언』,『칼 맑스·프리드리히 엥겔스 저작
　　선집 1』, 박종철출판사, 1991.

바디우, 알랭,『사도 바울: '제국'에 맞서는 보편주의 윤리를 찾아서』, 현성환 옮김,
　　새물결, 2008.

발리바르, 에티엔,「'인간의 권리'와 '시민의 권리': 평등과 자유의 현대적 변증법」,
　　『인권의 정치와 성적 차이』, 윤소영 옮김, 과천연구실 공감, 2003.

비르노, 파올로,『다중: 현대의 삶 형태에 관한 분석을 위하여』, 김상운 옮김, 갈무리,
　　2004.

스키너, 퀜틴,『근대 정치사상의 토대 1』, 박동천 옮김, 한길사, 2004.

스트라우스, 레오,『마키아벨리』, 함규진 옮김, 구운동, 2006.

스피노자, 바뤼흐 드,『에티카』, 개정판, 강영계 옮김, 서광사, 2007.

＿＿＿,『정치론』, 김호경 옮김, 갈무리, 2009.

시오노 나나미,『나의 친구 마키아벨리』, 오정환 옮김, 한길사, 2002.

알튀세르, 루이,『마키아벨리의 가면』, 김정한·오덕근 옮김, 이후, 2001.

＿＿＿,『미래는 오래 지속된다: 루이 알튀세르 자서전』, 권은미 옮김, 이매진, 2008.

＿＿＿,『철학과 맑스주의』, 백승욱·서관모 옮김, 새길, 1996.

월러스틴, 이매뉴얼,『유토피스틱스: 또는 21세기의 역사적 선택들』, 백영경 옮김,
　　창비, 1999.

월린, 셸던,『정치와 비전: 서구 정치사상사에서의 지속과 혁신』1~2권, 강정인·공
　　진성·이지윤 옮김, 후마니타스, 2007.

이정우,『신족과 거인족의 투쟁: 이데아와 시뮬라크르』, 한길사, 2008.

지젝, 슬라보예,『이데올로기라는 숭고한 대상』, 이수련 옮김, 인간사랑, 2002.

카스텔, 마누엘,『밀레니엄의 종언』, 이종삼·박행웅 옮김, 한울, 2003.

플라톤,『국가』, 박종현 옮김,『국가·정체』, 개정증보판, 서광사, 2005.

＿＿＿,『소피스테스』, 김태경 옮김, 한길사, 2000.

＿＿＿,『플라톤의 법률』, 박종현 옮김, 서광사, 2009.

마키아벨리를 알기 위해 더 읽어 볼 만한 책

마키아벨리의 원전

니콜로 마키아벨리, 『군주론』, 제3판 개역본, 강정인·김경희 옮김, 까치, 2008.
현재 우리나라에는 꽤 많은 『군주론』 번역본이 나와 있다. 나는 『군주론』을 서강대 정치외교학과 강정인 교수의 번역으로 까치에서 1994년 출간된 초판본으로 읽었다. 개인적으로는 영어를 바탕으로 번역된 초판본도 『군주론』의 이해에 별다른 장해를 초래하지는 않는다고 생각한다. 하지만 역시 『군주론』이 이탈리아어로 쓰인 만큼 원문의 세세한 뉘앙스를 전달하는 데에는 원문으로부터 번역된 문장이 더 유용할 수밖에 없을 것이다. 강정인 교수는 독일에서 마키아벨리로 박사학위를 받은 김경희 교수와 더불어 이탈리아어 원문으로부터 다시 『군주론』을 번역하여 출간하였다. 충실한 본문 외에도 마키아벨리의 사상에 대한 해설과 마키아벨리의 주요 용어 해설은 독자들이 마키아벨리의 사상을 이해하는 데 큰 도움을 줄 것이라고 생각된다. 이 책에서 인용된 『군주론』의 원문장들은 까치에서 출판된 3판 개역본에서 가져온 것이다.

니콜로 마키아벨리, 『로마사논고』, 강정인·안선재 옮김, 한길사, 2003.
마키아벨리의 또 하나의 주저로서 이 책에서도 중요하게 다루고 있는 『로마사논고』의 번역본으로는 한길사에서 2003년 출간된 책을 추천한다. 이 번역본은 강정인 교수와 서강대학교 영어과 안선재 교수의 공동 작업으로 출간되었다. 번역문이 명확하여 읽기 쉬우며, 역자의 주석들은 매우 유용하다. 더불어 이 번역본의 서두에 실린 강정인 교수의 「마키아벨리의 정치사상과 '로마사논고'」라는 글은 『로마사논고』가 마키아벨리의 사상 체계에서 차지하는 위치를 이해하는 데 커다란 도움을 줄 것이다.

니콜로 마키아벨리, 『마키아벨리와 에로스』, 곽차섭 옮김, 지식의 풍경, 2002.

마키아벨리가 정치사상사에서 도저히 빼놓을 수 없는 기념비적 인물임은 말할 것
도 없지만, 동시에 르네상스 문학사에서도 중요한 위치를 차지하는 인물임은 잘 알
려져 있지 않다. 그는 피렌체 정부로부터 추방당하여 산탄드레아에 기거하는 동안
『군주론』과 『로마사논고』와 같은 정치적 저작 외에도 남녀의 사랑을 다룬 몇 편의
문학작품을 집필하였다. 이 책에는 「만드골라」, 「클리찌아」, 「벨파고르 이야기」 등
마키아벨리가 쓴 문학작품과 지인들에게 보낸 편지들이 실려 있다.

마키아벨리 전기

시오노 나나미, 『나의 친구 마키아벨리』, 오정환 옮김, 한길사, 2002.

마키아벨리의 삶이 궁금하다면 물론 그의 전기를 읽어야 할 것이다. 시중에는 다양
한 종류의 마키아벨리 전기들이 나와 있다. 어느 책을 읽어도 무방하다고 생각하지
만 글 읽는 재미라는 측면에서는 시오노 나나미의 책을 추천한다. 『나의 친구 마키
아벨리』는 르네상스에 대한 일련의 저작들 가운데 한 권으로 출판된 책으로서, 마키
아벨리의 시대적 배경과 그의 삶이 어떻게 얽혀 들어가고 있는지를 드라마틱하게
풀어낸다. 마키아벨리라는 인물의 매력이 풍부하게 드러나고 있는 책이다.

마키아벨리 연구서

진원숙, 『마키아벨리와 국가이성』, 신서원, 1996.

마키아벨리에 대한 책들이 꾸준히 국내에서 출판되고 있지만 정작 한국의 연구자
들이 저술한 책은 많지 않다. 본격적인 연구서의 경우는 더더욱 드물다. 이처럼 국
내 마키아벨리 연구가 그리 활발하지 않은 현실에서 진원숙 교수의 이 저작은 더욱
빛나는지도 모르겠다. 마키아벨리 시대의 정치적·경제적 배경에서부터 그에 대한
서양 연구자들의 논의와 평가, 마키벨리의 수저에 대한 분석과 그의 사낭에 대힌 체
계적 재구성에 이르기까지 마키아벨리를 깊이 이해하는 데 큰 도움을 주는 책이다.
한국어로 이루어진 대표적인 마키아벨리 연구 성과라고 할 수 있다.

존 그레빌 에이가드 포칵, 『마키아벨리언 모멘트: 피렌체 정치사상과 대서양의 공화주의 전통』 1·2, 곽차섭 옮김, 나남, 2011.

이 책의 번역·출간을 확인한 2011년 초, 나는 "드디어!"라는 탄성을 질렀다. 마키아벨리 연구에 있어서는 워낙 유명한 책인데 아직까지 한국어로 번역되어 있지 않았다는 사실이 매우 안타까웠기 때문이다. 존 포칵은 존스홉킨스대학 정치학과 교수를 역임한 인물로 탁월한 마키아벨리 연구자이자 서양정치사상사 연구자로 정평이 나 있는 인물이다. 번역자인 부산대 정치외교학과의 곽차섭 교수 역시 국내의 대표적인 마키아벨리 연구자 가운데 한 사람이다. 『마키아벨리언 모멘트』는 포칵에게 커다란 학문적 명성을 안겨 준 작품으로, 서양 공화주의 전통의 사상적 뿌리를 밝히는 책이다. 포칵은 마키아벨리를 중심으로 한 피렌체의 정치사상이 유럽과 북미 등 대서양 문명권의 공화주의적 전통의 기원임을 자신의 책을 통해서 상세하게 탐구하고 있다. 마키아벨리를 넘어 서양 근대정치사상의 근간을 탐구하고 싶은 독자들에게 일독을 권한다.

퀜틴 스키너, 『마키아벨리의 네 얼굴: 군주론 너머 진짜 마키아벨리를 만나다』, 강정인·김현아 옮김, 한겨레출판, 2010.

최근 국내에 본격적으로 스키너의 저작들이 번역되고 있는 일은 반가운 일이다. 그는 마키아벨리에 대한 연구뿐 아니라 르네상스 시기를 비롯한 근대정치사상사 연구에서 탁월한 학문적 성취를 이룬 뛰어난 학자이다. 스키너의 『마키아벨리의 네 얼굴』은 비록 짧은 책이지만 마키아벨리 사상의 핵심을 '외교관', '군주의 조언자', '자유의 이론가', '피렌체의 역사가'라는 네 가지 측면에서 집약적으로 드러내 보이고 있다. 또한 마키아벨리 시대의 정치적 정황, 그의 사상적 배경과 삶의 궤적들이 잘 설명되고 있다. 개인적으로 마키아벨리에 대한 최고의 입문서가 아닐까 생각한다.

레오 스트라우스, 『마키아벨리』, 함규진 옮김, 구운몽, 2006.

지금까지 언급한 마키아벨리에 관한 책들은 그에 대해 긍정적인 평가를 내리고 있다. 반면 레오 스트라우스는 마키아벨리에 대해서 비판적 입장을 취하고 있다. 그러나 별다른 근거도 없이 마키아벨리를 비난하기만 하는 것은 물론 아니다. 스트라우스는 자신의 책에서 『군주론』, 『로마사논고』에 대한 꼼꼼한 분석을 통하여 마키아벨리의 정치사상은 고대 정치사상의 계승임을 밝히고 있다. 하지만 그에 의하면 마키아벨리는 고대 정치사상의 절반만을 계승했다고 한다. 선과 도덕적 이상을 추구하는 고대 정치철학의 정신은 외면한 채 인간 현실에 대한 논의만을 가져왔다는 것이다. 나는 그의 사상에 동의하지 않지만 마키아벨리 사상이 가지는 반(反)도덕적 성격이라는 문제를 폭넓게 생각해 보려는 독자들에게는 도움이 될 만한 책이라고 생각한다. 또한 미국의 조지 부시 2세 정권의 정치철학적 기초를 이루었던 네오콘의 사상적 대부라는 레오 스트라우스의 면모를 염두에 둔다면 정치적 보수주의자들이 마키아벨리를 어떻게 이해하고 있는지를 파악하는 데도 그의 책이 도움이 되리라 생각한다.

마키아벨리를 활용하거나 새롭게 해석한 책들

바뤼흐 드 스피노자, 『정치론』, 김호경 옮김, 갈무리, 2008.
스피노자는 이 책에서 마키아벨리에 대해 "자유에 호의적이었고 더욱이 그것을 유지하기 위해서 매우 유익한 조언"을 한 인물이라고 평가한다. 이 책은 마키아벨리에 관한 연구서는 물론 아니지만, 마키아벨리적 주제를 다루는 책이라는 점에서 마키아벨리의 저작과 연속성을 가진다고 할 수 있다. 스피노자는 기본적으로 현실주의적 정치관을 바탕에 깔고서 인민의 역량을 더욱 확장하는 정치체는 어떻게 구성되어야 하는가라는 문제를 다루고 있다. 또한 고대로부터 이어져 오는 정체 형태에 대한 구분, 다시 말해 군주정, 귀족정, 민주정으로 정치체의 형태를 구분하고 각각의 정체가 최선의 것이 되기 위한 길을 모색하면서 결국 인민의 적극적인 참여가 보장되어야 한다고 역설한다. 마키아벨리의 정체에 대한 논의와 비교하면서 읽어 본다면 매우 흥미로울 것이다.

루이 알튀세르, 『마키아벨리의 가면』, 오덕근·김정한 옮김, 이후, 2001.
아마 내기 이 책을 쓰면서, 마키아벨리의 저작을 제외하고 가장 많이 인용한 책일 것이다. 영어권 연구자인 포칵이나 스키너의 경우 주로 공화주의 전통에 마키아벨리를 연결시키지만 프랑스 맑스주의 철학자 알튀세르의 관심은 다른 곳에 있다. 그는 이 책에서 마키아벨리의 정치학이 '이전에는 존재하지 않았던 새로운 세계를 구축하기 위해서 무엇이 필요한가'라는 문제 설정 속에서 구성되고 있음을 보여 준다. 이 과정에서 마키아벨리의 사유를 이론적으로 재구성하고 그의 정치학이 가지는 혁명적 성격을 부각한다. 마키아벨리를 해방의 정치학이라는 관점에서 독해하는 작업에 있어 나는 그에게 많은 빚을 졌다.

안토니오 그람시, 『그람시의 옥중수고』 1~2, 이상훈 옮김, 거름, 1999.
이 책과 마키아벨리의 관계에 대해서는 '책머리에'에서 충분히 언급했기 때문에 여기서 덧붙일 또 다른 말은 사실 별로 없다. 다만 맑스주의의 혁명적 정치사상 전통과 마키아벨리의 정치학이 어떻게 만날 수 있는지 궁금한 독자들이라면 반드시 일독을 권하고 싶은 책이라는 사실을 밝혀 둔다.

정치사상사

켄틴 스키너, 『근대 정치사상의 토대』 1, 박동천 옮김, 한길사, 2004
스키너의 『근대 정치사상의 토대』 1권은 제목 그대로 서양의 근대 정치사상이 형성되어 온 과정을 탐구하는 책이다. 스키너는 그 기원을 르네상스 북부 이탈리아에서 찾는다. 이 시기의 정치적 정세의 변화를 추적하면서 고대 정치사상이 어떤 과정을 거쳐서 르네상스 시기에 부활하게 되고, 르네상스 시대를 살아간 정치사상가들의 정치적 이상이 어디에 있었는지를 세밀하게 보여 준다. 이 책을 읽다 보면 마키아벨리의 사유가 발 딛고 서 있던 정치적·사상사적 토대가 무엇이었는지를 볼 수 있다. 또한 마키아벨리에 대한 깊은 이해를 가진 스키너는 마키아벨리의 사유가 동시대 르네상스 정치사상가들의 그것과 어떤 점에서 차이가 나는지도 잘 보여 준다. 앞에서 소개한 포칵의 책과 함께 읽는다면 서양 근대정치사상의 궤적을 한눈에 꿰뚫어 볼 수 있는 안목을 얻게 될 것이다. 한 가지 아쉬운 것은 종교개혁을 다룬 2권이 아직 번역되지 않았다는 점이다.

셸던 월린, 『정치와 비전』 1~2, 강정인 외 옮김, 후마니타스, 2007, 2009.
미국의 진보적인 정치학자 셸던 월린의 대표작이다. 1권은 플라톤을 비롯한 고대 그리스와 로마시대의 정치사상과 고대 기독교와 중세, 그리고 종교개혁기의 정치사상을 다루고 있고, 2권은 마키아벨리와 홉스 그리고 자유주의 등을 비롯한 근대 정치사상의 핵심이 무엇이었는지를 명쾌하게 규명하고 있다. 마키아벨리는 중세적 영향이 아직 강하게 남아 있던 시기에 고대의 정치사상과의 대결을 통해 자신의 사유를 만들어 간 정치철학자이다. 그리고 그의 사유는 다양한 방식으로 근대 정치사상으로 계승되었다. 그런 맥락에서 이 책을 읽어 보는 것도 흥미로운 일이 될 것이라 생각한다. 뿐만 아니라 정치철학 혹은 정치사상의 역사 그 자체에 관심이 있는 독자들에게도 이 책은 큰 도움을 줄 것이다.

김경희, 『공화주의』, 책세상, 2009.
김경희 교수의 『공화주의』는 책 제목대로 공화주의 개념을 사상사적으로 추적한 이후 그 핵심적 요소들을 밝히고 대한민국의 정치사에서 공화주의의 의미를 해명하고 있다. 김경희 교수는 뛰어난 마키아벨리 연구자이기도 한데, 여기서도 마키아벨리의 핵심 사상을 '공화주의'라는 맥락에서 일목요연하게 정리하고 있다. 아마도 공화주의와 마키아벨리의 관계를 집약적으로 이해하는 데 가장 도움이 되는 책이 아닐까 싶다. 비록 많이 인용을 못했지만 이 책을 쓰면서 마키아벨리에 대한 김경희 교수의 논문들에 적지 않은 도움을 받았다. 개인적으로는 마키아벨리에 대한 김경희 교수의 연구 성과들이 묶여서 조속히 책으로 출간되기를 바란다.

찾아보기